La Puissance De Dieu

Jamais on n'a entendu dire
Que quelqu'un ait ouvert
Les yeux d'un aveugle-né
Si cet homme ne venait pas de Dieu
Il ne pourrait rien faire.
(Jean 9:32-33)

La Puissance De Dieu

Dr. Jaerock Lee

URIM
BOOKS

La Puissance de Dieu par le Dr. Jaerock Lee
Publié par Urim Books
361-66, Shindaebang-Dong, Dongjak-Gu, Séoul, Corée
www.urimbooks.com

Toutes les citations de la Bible proviennent de la Bible de Genève, traduction Louis Segond, sauf si spécifié autrement.

Première édition: Juillet 2013

Publié précédemment en coréen par Urim Books, Séoul, Corée en 2004

Edité par Geumsun Vin
Maquette par le Bureau d'Edition d'Urim Books
Imprimé par la société Yewon Printing
Pour plus d'informations, contactez urimbook@hotmail.com

Préface

Priant que par la puissance de Dieu le Créateur et l'Evangile de Jésus-Christ, tous les peuples expérimentent les œuvres enflammées du Saint-Esprit...

Je donne toute reconnaissance à Dieu le Père, qui nous a béni de publier dans un seul ouvrage les messages de la 11ème Réunion Spéciale de Réveil de Deux Semaines conduite en Mai 2003 – tenue sous le thème «Puissance» – lors de laquelle un nombre de témoignages a grandement glorifié Dieu.

Depuis 1993, peu après le 10ème anniversaire de la fondation, Dieu a commencé à nourrir les membres de l'Eglise Centrale Manmin pour qu'ils possèdent la vraie foi et deviennent des gens spirituels au travers des Réunions Spéciales de Réveil de Deux Semaines.

Sous le thème de la Réunion de Réveil 1999 «Dieu est Amour», Il a permis des tribulations pour des bénédictions de sorte que les membres de Manmin puissent réaliser la signification du vrai évangile, accomplir la loi dans l'amour et ressembler à notre Seigneur qui avait manifesté une puissance miraculeuse.

À l'aube d'un nouveau millénaire, en 2000, de sorte que tous les gens de par le monde puissent expérimenter la puissance de Dieu le Créateur, l'évangile de Jésus-Christ et les œuvres enflammées du Saint-Esprit, Dieu nous a bénis en retransmettant les Réunions de Réveil en direct via le satellite Moogoonghwa et Internet. En 2003, les audiences d'environ 300 églises en Corée et dans 15 pays ont participé à la Réunion de Réveil.

La puissance de Dieu a essayé d'introduire le processus par lequel on rencontre Dieu et on reçoit Sa puissance, les différents niveaux de puissance, la Plus Haute Puissance de la Création qui va au-delà des limites permises pour une créature ou être humain, et les endroits où Sa puissance est manifestée.

La puissance de Dieu le Créateur descend sur un individu dans la mesure où il ressemble à Dieu qui est la lumière. De plus, lorsqu'il devient uni en esprit avec Dieu, il peut manifester ce type de puissance que Jésus a manifesté. C'est parce que dans Jean 15:7, notre Seigneur nous dit, *«Si vous demeurez en moi, et que mes paroles demeurent en vous, demandez ce que vous voudrez et cela sera vous accordé.»*

Parce que j'ai personnellement expérimenté la joie et le bonheur dans la délivrance de sept années de maladies et d'agonie, de manière à devenir un serviteur de puissance qui ressemble au Seigneur. J'ai jeûné et prié un nombre de jours et de fois après que j'aie été appelé à devenir un serviteur du Seigneur. Jésus nous dit dans Marc 9:23, *«Si tu peux!...Tout est possible à celui qui croit.»* J'ai aussi prié et cru parce que je m'accrochais à la promesse de Jésus, *«Celui qui croit en moi fera aussi les œuvres que je fais, et il en fera même de plus grandes, parce que je m'en vais au Père»* (Jean 14:12). Par conséquent, au travers des Réunions de Réveil annuelles, Dieu nous a montré d'étonnants signes et miracles et Il nous a donné d'innombrables guérisons et réponses. De plus, durant la seconde semaine de la Réunion de Réveil 2003, Dieu a concentré la manifestation de Sa puissance sur ceux qui étaient aveugles, incapables de marcher, d'entendre et de parler.

Même si la science médicale a progressé et continue à progresser, il est pratiquement impossible pour des gens qui ont perdu la vue ou l'ouïe d'être guéris. Le Dieu tout-puissant cependant, a manifesté Sa puissance de sorte que lorsque j'ai prié seulement du podium, l'œuvre de la puissance de la création a renouvelé des nerfs morts et les gens sont arrivés à voir, entendre et parler. De plus, des colonnes vertébrales tordues étaient redressées et des os atrophiés devenaient normaux de sorte que les gens pouvaient jeter leurs béquilles, leurs cannes et leurs chaises roulantes, et se lever, marcher et sauter.

L'œuvre miraculeuse de Dieu transcende aussi le temps et

l'espace. Les gens qui ont assisté aux réunions de Réveil via satellite et sur Internet ont aussi expérimenté la puissance de Dieu et leurs témoignages arrivent même jusqu'à ce jour.

C'est pourquoi les messages de la Réunion de Réveil de 2003 – lors de laquelle d'innombrables personnes sont nées de nouveau par la parole de vérité, ont reçu une nouvelle vie, le salut, les réponses et la guérison, ont expérimenté la puissance de Dieu, et l'ont grandement glorifié – ont été réunies dans un seul ouvrage.

Je donne une reconnaissance spéciale à Geumsun Vin, Directrice du Bureau d'Edition et à son équipe, et le Bureau de Traduction pour leur dur labeur et leur consécration.

Que chacun de vous expérimente la puissance de Dieu le Créateur, l'évangile de Jésus-Christ et les œuvres enflammées du Saint-Esprit et que la joie et le bonheur puissent déborder dans votre vie – Je prie tout cela dans le nom de notre Seigneur!

Jaerock Lee

Introduction

Un livre à lire qui sert en tant que guide essentiel au travers duquel chacun peut posséder la foi véritable et expérimenter la miraculeuse puissance de Dieu

Je donne toute reconnaissance et gloire à Dieu qui nous a conduits à publier dans un seul livre les messages de la '11ème Réunion Spéciale de Réveil de Deux Semaines' avec le Dr. Jaerock Lee en Mai 2003, qui s'est tenue au milieu de la grande et miraculeuse puissance de Dieu.

La Puissance de Dieu vous plongera dans la grâce et l' émotion, comme elle contient neuf messages de la Réunion de Réveil qui s'est tenue sous le thème «Puissance», ainsi que des témoignages d'un nombre de personnes qui ont directement expérimenté la puissance du Dieu vivant et l'évangile de Jésus-Christ.

Dans le premier message «Croire en Dieu», l'identité de Dieu, qu'est-ce que croire en Lui, et les moyens de Le rencontrer et de L'expérimenter y sont décrits.

Dans le second message « Croire dans le Seigneur », la raison de la venue de Jésus sur la terre, Pourquoi Jésus est-Il notre seul Sauveur, et pourquoi nous recevons le salut et les réponses lorsque nous croyons dans le Seigneur Jésus, sont discutés.

Troisième message « Un vase plus Beau qu'un Joyau », élabore sur ce qu'il faut pour être un vase précieux, noble et beau aux yeux de Dieu, de même que les bénédictions qui descendent sur un tel vase.

Le quatrième message, « La Lumière » explique la lumière spirituelle, que nous devons réaliser de sorte à rencontrer Dieu qui est lumière, et les bénédictions que nous recevrons lorsque nous marchons dans la lumière.

Le cinquième message « La Puissance de la Lumière » plonge dans les quatre éléments différents de la puissance de Dieu qui sont manifestés par les êtres humains créés au travers d'une variété de couleurs de lumière, de même que les témoignages en direct de diverses sortes de guérisons manifestées à chaque niveau. De plus, en introduisant la Plus Haute Puissance de la Création, la puissance illimitée de Dieu et les moyens par lesquels nous pouvons recevoir la puissance de la lumière sont expliqués en détails.

En se basant sur le processus par lequel un homme aveugle a reçu la vue en rencontrant Jésus et les témoignages d'un nombre de gens qui ont reçu la vue et ont été guéris d'une mauvaise vision, le sixième message, « Les Yeux des Aveugles S'ouvriront » nous aidera à réaliser la puissance de Dieu le Créateur.

Dans le septième message, «Les Gens se Lèveront, Sauteront et Marcheront», l'histoire d'un paralytique qui se présente devant Jésus avec l'aide de ses amis, se lève et marche, est précisément examiné. De plus, le message éclaire aussi les lecteurs sur le type d'œuvres de foi qu'ils doivent présenter devant Dieu de manière à expérimenter aujourd'hui, une telle puissance.

Le huitième message «Les Gens se Réjouiront, Danseront et Chanteront» plonge dans l'histoire d'un sourd muet qui reçoit la guérison lorsqu'il vient devant Jésus et introduit les moyens par lesquels nous pouvons aussi expérimenter une telle puissance aujourd'hui.

Finalement, dans le neuvième message «La Providence Infaillible de Dieu», des prophéties sur les derniers jours et la providence de Dieu pour l'Eglise Centrale Manmin – qui ont toutes deux été révélées par Dieu Lui-même depuis la fondation de Manmin il y a plus de vingt ans – sont expliquées en détails.

Au travers de cette œuvre, que d'innombrables personnes puissent posséder une foi véritable, expérimentent la puissance de Dieu le Créateur, et soient utilisées comme des vases du Saint-Esprit et accomplissent Sa providence, dans le nom du Seigneur Jésus-Christ, je prie!

Geumsun Vin
Directrice du Bureau d'Edition

Table des Matières

Message 1

Croire en Dieu

Hébreux 11:3

C'est par la foi que nous reconnaissons que l'univers a été formé par la parole de Dieu, en sorte que ce qu'on voit n'a pas été fait de choses visibles.

Alléluia! Je donne toute reconnaissance et gloire à notre Père Dieu qui nous a conduits à conduire la 11ème Réunion Spéciale de Réveil de Deux Semaines.

Depuis la première Réunion Spéciale de Réveil de Deux Semaines, tenue en Mai 1993, d'innombrables personnes ont reçu des expériences d'une puissance de Dieu toujours croissante et les œuvres de Dieu, par laquelle des maladies qui ne pouvaient pas être guéries par la médecine moderne étaient guéries sans problèmes et des problèmes qui ne pouvaient être résolus par la science étaient résolus. Pendant les 11 dernières années, comme nous le trouvons dans Marc 16:20, Dieu a confirmé Sa parole par les miracles qui l'accompagnaient.

Au travers des messages de grandes profondeurs sur la foi, la justice, la chair et l'esprit, le bien et la lumière, l'amour et ainsi de suite. Dieu a conduit un nombre de membres Manmin vers un monde spirituel plus profond. De plus, au travers de chaque réunion de réveil, Dieu nous a conduits à témoigner de Sa puissance de sorte que c'est maintenant devenu une Réunion de Réveil de renommée mondiale.

Jésus nous dit dans Marc 9:23, *«Si tu peux !... Tout est possible à celui qui croit.»* C'est pourquoi, si nous possédons la foi véritable, rien ne nous est impossible et nous allons recevoir tout ce que nous cherchons.

Que devons-nous alors croire, et comment devons-nous le croire ? Si nous ne connaissons et ne croyons pas en Dieu correctement, nous ne serons pas capables d'expérimenter Sa puissance et ça sera difficile de recevoir Ses réponses. C'est pourquoi comprendre et croire correctement sont de la plus haute importance.

Qui est Dieu ?

Tout d'abord, Dieu est l'auteur des soixante six livres de la Bible. 2 Timothée 3:16 nous rappelle que, *«Toute Écriture est inspirée de Dieu, et utile pour enseigner, pour convaincre, pour corriger, pour instruire dans la justice.»* La Bible consiste en soixante six livres et est estimée être écrite par trente quatre personnes différentes sur une période de 1.600 ans. Cependant, l'aspect le plus étonnant de chaque livre de la Bible est que, malgré qu'ils aient été écrits par tant de différentes personnes sur de nombreux siècles, ils sont conformes et correspondent les uns avec les autres. En d'autres termes, la Bible est la parole de Dieu relatée sous l'inspiration par différentes personnes qu'Il a jugé adéquates à différentes périodes de l'histoire, et au travers d'elle, Il se révèle Lui-même. C'est pourquoi, ceux qui croient la Bible comme étant la parole de Dieu et lui obéissent peuvent expérimenter les bénédictions et la grâce qu'Il a promises.

Ensuite, Dieu est *«Je suis celui qui suis »* (Exode 3:14). Contrairement aux idoles créées par l'imagination des hommes ou formés par sa main, notre Dieu est le vrai Dieu qui a existé d'avant l'éternité des temps à l'éternité. De plus, nous pouvons décrire Dieu comme amour (1 Jean 4:16), lumière (1 Jean 1:5) et le juge de toutes choses à la fin des temps. Cependant, par-dessus tout, nous devons nous souvenir que Dieu, avec sa puissance étonnante, a créé toutes choses dans les cieux et sur la terre. Il est le Tout-puissant qui a constamment manifesté Sa puissance miraculeuse depuis le temps de la création jusqu'à ce jour.

Le Créateur de toutes choses

Dans Genèse 1:1, nous trouvons que, *«Au commencement, Dieu créa les cieux et la terre.»* Hébreux 11:3 nous dit, *«C'est par la foi que nous reconnaissons que l'univers a été formé par la parole de Dieu, en sorte que ce qu'on voit n'a pas été fait de choses visibles.»*

Dans l'état de vide au commencement des temps, tout dans l'univers a été créé par la puissance de Dieu. Par Sa puissance, Dieu a créé le soleil et la lune dans le ciel, les plantes et les arbres, les oiseaux et les animaux, les poissons dans la mer et l'humanité.

Malgré ce fait, de nombreuses personnes sont incapables de croire en Dieu le Créateur parce que le concept de la création est simplement trop contradictoire avec la connaissance ou l'expérience qu'elles ont gagnées et avaient dans le monde. Par exemple, selon la pensée de telles personnes, il n'est pas possible que toutes les choses dans l'univers aient été créées sur l'ordre de Dieu au départ du vide.

C'est pourquoi, la théorie de l'évolution a été conçue. Les adeptes de la théorie de l'évolution argumentent qu'un organisme vivant est venu à l'existence par hasard, a évolué par lui-même et s'est multiplié. Si les gens renient la création du Dieu de l'univers avec un tel cadre de connaissance, ils sont incapables de croire dans le reste de la Bible. Ils sont incapables de croire à la prédication de l'existence du ciel et de l'enfer parce qu'ils n'y sont jamais allés et dans la proclamation du Fils de Dieu qui est né un homme, est mort, est ressuscité et est monté au ciel.

Nous trouvons cependant, que dans les avancées de la science, l'erreur de l'évolution est dévoilée alors que la légitimité de la création continue à gagner du terrain. Même si nous ne produisons pas une liste de preuves scientifiques, il y a des myriades d'exemples qui témoignent de la création.

Preuves par lesquelles
nous pouvons croire en Dieu le Créateur

Voici un de ces exemples. Il y a plus de 200 pays et même

davantage de groupes ethniques de gens. Cependant, qu'ils soient blancs, noirs ou jaunes, chacun d'eux a deux yeux. Chacun d'eux a deux oreilles, un nez et deux narines. Ce design ne s'applique pas uniquement aux êtres humains, mais aussi aux animaux sur le sol, aux oiseaux dans le ciel et aux poissons dans la mer. Ce n'est pas parce que la trompe d'un éléphant est particulièrement large et longue qu'il a plus que deux narines. Chacun des êtres humains, animaux, oiseaux et poissons ont une bouche, et l'endroit où cette bouche est positionnée est le même. Il y a de subtiles différences dans la position de chaque organe parmi différentes espèces, mais pour la majeure partie, la structure et la position sont identiques.

Comment tout cela a-t-il pu avoir lieu par «hasard»? C'est une preuve solide qu'un seul Créateur a formé et dessiné les innombrables gens, animaux, oiseaux et poissons. S'il y avait eu plus d'un créateur, l'apparence et la structure des choses vivantes auraient été différentes selon le nombre de préférences de chaque créateur. Cependant, étant donné que notre Dieu est l'unique Créateur, toutes les choses vivantes ont été formées au départ d'un design unique.

De plus, nous pouvons trouver d'innombrables preuves supplémentaires dans la nature et dans l'univers, qui toutes nous amènent à croire dans la création de toutes choses par Dieu. Comme nous le dit Romains 1:20, *«En effet, les perfections invisibles de Dieu, sa puissance éternelle et sa divinité, se* voient comme à l'oeil, depuis la création du monde, quand on les considère dans ses ouvrages. Ils sont donc inexcusables,» Dieu a dessiné et formé toutes choses de sorte que la vérité de Son existence ne puisse être déniée ni réfutée.

Dans Habakuk 2:18-19, Dieu nous dit, «A quoi sert une image taillée, pour qu'un ouvrier la taille? A quoi sert une image en métal fondu et qui enseigne le mensonge, Pour que l'ouvrier qui l'a faite place en elle sa confiance, Tandis qu'il fabrique des idoles muettes? Malheur à celui qui dit au bois: Lève-toi! A une pierre muette: Réveille-toi! Donnera-t-elle instruction? Voici, elle est garnie d'or et d'argent, Mais il n'y a point en elle un esprit qui l'anime.» Si quelqu'un parmi vous a servi ou cru dans les idoles sans avoir connu Dieu, vous devez fermement vous repentir de vos péchés en déchirant vos cœurs.

Preuves Bibliques par lesquelles nous pouvons certainement croire en Dieu le Créateur

Il y a toujours beaucoup de gens qui sont incapables de croire en Dieu malgré un incalculable nombre de preuves autour d'eux. C'est pourquoi, en manifestant Sa puissance, Dieu nous a montré des preuves plus apparentes et indéniables de Son existence. Avec des miracles qui ne peuvent être produits par les hommes, Dieu a permis à l'humanité de croire en Son existence et en Ses œuvres miraculeuses.

Dans la Bible, il y a de nombreux cas fascinants dans lesquels la puissance de Dieu a été manifestée. La Mer Rouge a été séparée, le soleil s'est arrêté ou a reculé et le feu du ciel est tombé. Des eaux amères dans le désert ont changé en eau douce et buvable alors que de l'eau a jailli d'un rocher. Les morts sont ressuscités, des maladies ont été guéries et des batailles apparemment perdues ont été gagnées.

Lorsque les gens croient dans le Dieu tout-puissant et Lui demandent, ils peuvent expérimenter les œuvres inimaginables de Sa puissance. C'est pourquoi Dieu a relaté dans la Bible de nombreux cas où Sa puissance s'est manifestée et il nous bénit pour croire.

Cependant, les œuvres de Sa puissance n'existent pas seulement dans la Bible. Parce que Dieu ne change pas, au travers d'innombrables signes, prodiges et œuvres de Sa puissance, il manifeste Sa puissance au travers de vrais croyants partout dans le monde aujourd'hui; Il nous a promis cela. Dans Marc 9:23 Jésus nous rassure, «*Si tu peux !... Tout est possible à celui qui croit.*» Dans Marc 16:17-18, notre Seigneur nous rappelle, «*Voici les miracles qui accompagneront ceux qui auront cru: en mon nom, ils chasseront les démons; ils parleront de nouvelles langues; ils saisiront des serpents; s'ils boivent quelque breuvage mortel, il ne leur fera point de mal; ils imposeront les mains aux malades, et les malades seront guéris.»*

La puissance de Dieu manifestée
à l'Eglise Centrale Manmin

L'Eglise dans laquelle je sers en tant que Pasteur Principal, l'Eglise Centrale Manmin a manifesté les œuvres de la puissance de Dieu le Créateur tandis qu'elle luttait pour répandre l'évangile jusqu'aux extrémités de la terre. Depuis sa fondation en 1982 jusqu'à ce jour, Manmin a conduit d'innombrables personnes sur le chemin du salut par la puissance de Dieu le Créateur. L'œuvre la plus visible de Sa puissance est la guérison de maladies et d'infirmités. De nombreuses personnes, avec des maladies 'incurables' y compris le cancer, la tuberculose, la paralysie, la paralysie cérébrale, la hernie, l'arthrite, la leucémie et ainsi de suite ont été guéries. Des démons ont été chassés, les paralytiques se sont levés et ont commencé à marcher et à courir et ceux qui avaient été paralysés suite à divers accidents sont devenus bien. De plus, immédiatement après avoir reçu la prière, les gens qui avaient souffert de sévères brûlures ont été guéris sans aucune cicatrice. D'autres dont le corps était devenu raide et qui avaient déjà perdu conscience à cause d'hémorragie cérébrale ou d'empoisonnement au gaz sont revenus à la vie et ont récupéré

«Combien j'étais reconnaissante
quand Tu as sauvé ma vie
Je croyais que j'allais rester sur mes béquilles
pour le reste de ma vie.

Maintenant, je puis marcher...
Père, Père, je te remercie!»

Diaconesse Johanna Park,
qui devait être handicapée en permanence,
jette et marche après avoir reçu la prière

sur place. D'autres encore qui avaient arrêté de respirer sont revenus à la vie en recevant la prière.

De nombreux autres qui n'avaient pas été capables d'avoir des enfants après cinq, sept, dix et même vingt années de mariage ont reçu la bénédiction de la conception après avoir reçu la prière. D'innombrables personnes qui n'avaient pas été capables d'entendre, de voir ou de parler ont grandement glorifié Dieu après avoir retrouvé ces capacités après la prière.

Même si la science et la médecine ont accompli de grands progrès année après année, siècle après siècle, des nerfs morts ne peuvent être ramenés à la vie et des cécités et surdités de naissance ne peuvent pas être guéries. Le Dieu tout-puissant est cependant capable de tout faire parce qu'Il crée quelque chose au départ de rien.

J'ai expérimenté moi-même la puissance du Dieu tout-puissant. J'ai été aux portes de la mort pendant sept ans avant que je puisse croire en Lui. J'étais malade dans toutes les parties de mon corps sauf mes deux yeux et j'étais surnommé «supermarché des maladies». En vain, j'ai essayé les médicaments de l'orient et de l'occident, les médicaments pour lépreux, toutes sortes d'herbes, des vésicules biliaires de chiens et d'ours, des mille-pattes, et même des eaux d'excréments. J'ai fait tous les efforts pendant ces sept années d'agonie, mais je n'ai pas pu être guéri. Lorsque j'étais dans un grand désespoir au

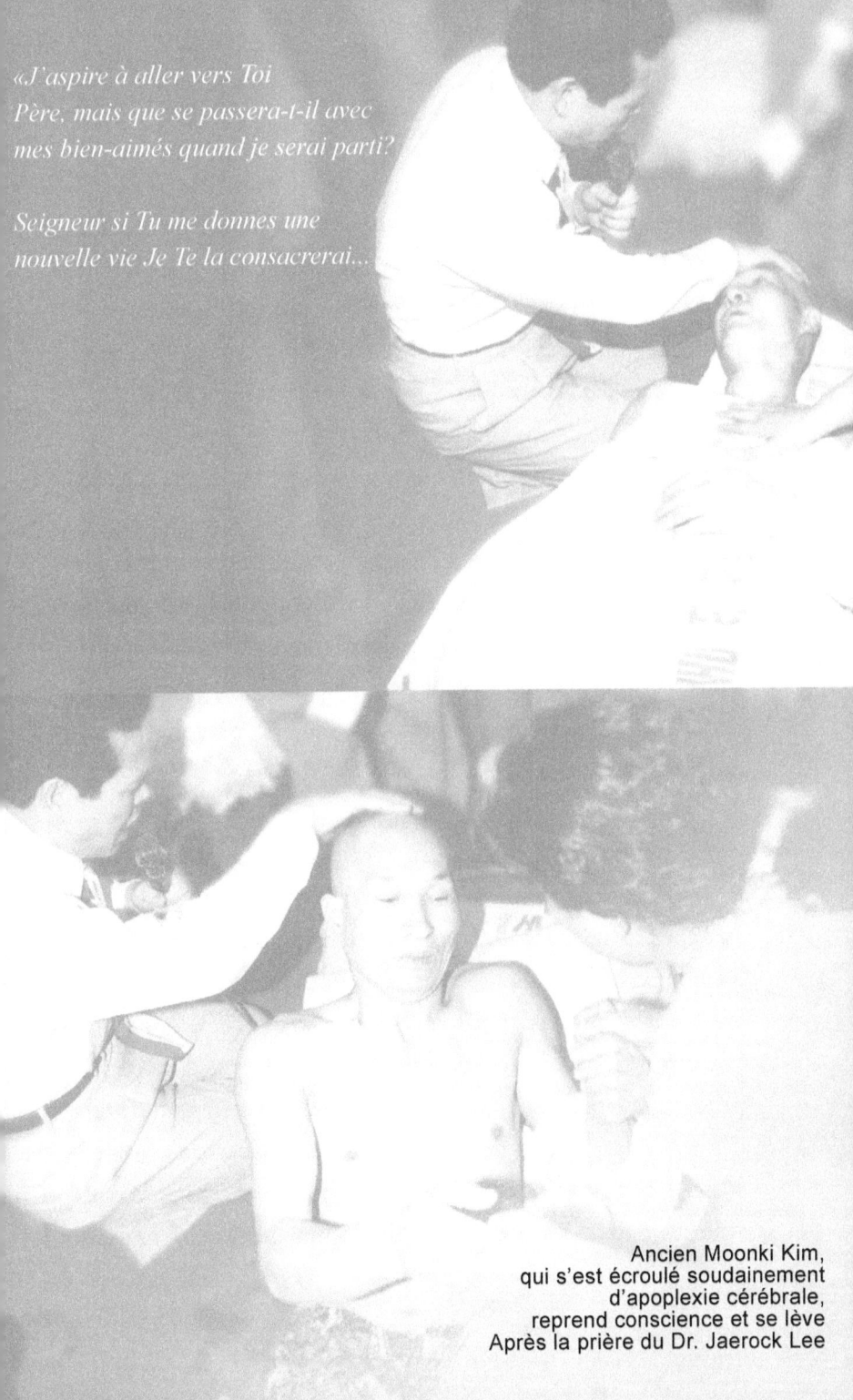

«J'aspire à aller vers Toi
Père, mais que se passera-t-il avec
mes bien-aimés quand je serai parti?

Seigneur si Tu me donnes une
nouvelle vie Je Te la consacrerai...

Ancien Moonki Kim,
qui s'est écroulé soudainement
d'apoplexie cérébrale,
reprend conscience et se lève
Après la prière du Dr. Jaerock Lee

printemps 1974, j'ai eu une expérience incroyable. Au moment où j'ai rencontré Dieu, Il m'a guéri de toutes mes maladies et infirmités. Depuis lors, Dieu m'a toujours protégé de sorte que je n'ai plus jamais été malade. Même si je me sentais un peu inconfortable dans une partie de mon corps, après la prière de la foi j'étais immédiatement guéri.

En dehors de moi-même et de ma famille, je sais que de nombreux membres de Manmin croient sincèrement dans le Dieu tout-puissant et ils sont donc toujours en bonne santé et ne sont pas dépendants de médicaments. Par gratitude dans la miséricorde du Dieu qui guérit, de nombreuses personnes qui sont devenues bien et servent maintenant l'église en tant que loyaux serviteurs de Dieu, anciens, diacres, diaconesses et ouvriers.

La puissance de Dieu n'est pas limitée à la guérison des maladies et des infirmités. Depuis que l'église a été fondée en 1982, de nombreux membres de Manmin ont expérimenté d'innombrables occasions dans lesquelles la prière de la foi dans la puissance de Dieu contrôle le temps comme de stopper de fortes pluies, couvrir les membres de Manmin par des nuages pendant une brûlante journée ensoleillée, et à faire mourir ou détourner des typhons de leur route. Par exemple, chaque Juillet et Août, se tiennent des retraites d'été pour toute l'église. Même si le reste de la Corée souffre de dommages causés par les typhons ou les inondations, les endroits du pays où se tiennent les retraites sont souvent épargnés par les fortes pluies et autres désastres naturels. Un nombre de membres de Manmin ont aussi vu des arcs-en-ciel à diverses occasions, même des jours où il n'avait pas plu auparavant.

Il y a même un plus étonnant aspect à la puissance de Dieu. L'œuvre de Sa puissance est manifestée même si je ne prie pas directement pour les gens malades. D'innombrables personnes ont grandement glorifié Dieu après avoir reçu la guérison et les bénédictions au travers de la «prière pour les malades» pour toute la congrégation à partir de la chaire et la «Prière» enregistrée sur cassette, les émissions internet et les répondeurs téléphoniques.

De plus, dans Actes 19:11-12, nous trouvons, «*Et Dieu faisait des miracles extraordinaires par les mains de Paul, au point qu'on appliquait sur les malades des linges ou des mouchoirs qui avaient touché son corps, et les maladies les quittaient, et les esprits malins sortaient.*» De la même manière, au travers des mouchoirs sur lesquels j'ai prié, l'œuvre de la merveilleuse puissance de Dieu est manifestée.

De plus, lorsque je pose la main ou prie sur les photos des malades, les guérisons s'opèrent partout dans le monde, en transcendant le temps et l'espace. C'est pourquoi, lorsque je conduis une croisade outremer, toutes espèces de maladies et d'infirmités, y compris le mortel sida, sont guéries en un instant par la puissance de Dieu qui transcende le temps et l'espace.

Pour expérimenter la puissance de Dieu

Cela veut-il dire que quiconque croit en Dieu peut expérimenter les étonnantes œuvres de Sa puissance et recevoir les réponses et les bénédictions? De nombreuses personnes confessent leur foi en Dieu mais pas toutes expérimentent Sa puissance. Vous ne pouvez expérimenter Sa puissance que si votre foi en Dieu est exprimée dans les actes et qu'Il reconnaît, «Je sais que tu crois en Moi.»

Dieu va considérer le simple fait que quelqu'un écoute la prédication et vient dans un culte d'adoration en tant que «foi.» Cependant, pour posséder une foi véritable au travers de laquelle vous pouvez recevoir la guérison et les réponses, vous devez entendre et savoir qui est Dieu, pourquoi Jésus est notre Sauveur et au sujet de l'existence du ciel et de l'enfer. Lorsque vous comprenez ces faits, vous repentez de vos péchés et acceptez Jésus comme votre Sauveur et recevez le Saint-Esprit, vous recevrez un droit en tant qu'enfant de Dieu. C'est le premier pas vers une foi véritable.

Les gens qui possèdent la vraie foi montreront des œuvres qui témoignent d'une telle foi. Dieu verra les œuvres de foi et répondra aux désirs de leurs cœurs. Ceux qui expérimentent l'œuvre de Sa puissance, Lui démontrent les preuves de foi et sont approuvés par Dieu.

Plaire à Dieu avec des œuvres de la foi

Voici quelques exemples de la Bible. Tout d'abord dans 2 Rois 5 il y a l'histoire de Naaman, commandant de l'armée du roi d'Aram. Naaman a expérimenté les œuvres de la puissance de Dieu après avoir démontré les œuvres de sa foi en obéissant au prophète Elisée par qui Dieu avait parlé.

Naaman était un distingué général du royaume d'Aram. Lorsqu'il a eu la lèpre, Naaman a rendu visite à Elisée, de qui on avait dit qu'il faisait des miracles. Cependant, lorsqu'un général renommé et influent comme Naaman est arrivé vers Elisée avec une grande quantité d'or, d'argent et de vêtements, le prophète s'est contenté d'envoyer un messager à Naaman, et lui a dit, «Va et lave-toi sept fois dans le Jourdain.»

Au début, Naaman était visiblement fâché parce qu'il n'avait pas reçu un bon accueil de la part du prophète. En plus, au lieu qu'Elisée ne prie pour lui, il a fait dire à Naaman d'aller se laver dans le Jourdain. Naaman a cependant rapidement changé d'avis et a obéi. Malgré que les paroles d'Elisée n'étaient pas à son goût et n'étaient pas en accord avec ses pensées, Naaman était déterminé à essayer au moins d'obéir à un prophète de Dieu.

Lorsque Naaman s'était plongé six fois dans le Fleuve Jourdain, il n'y avait pas de changement visible à sa lèpre. Mais il s'est cependant plongé une septième fois et sa chair a été restaurée et est redevenue propre comme celle d'un jeune enfant (v 14).

Spirituellement, «eau» symbolise la parole de Dieu. Le fait que Naaman se soit plongé dans le Fleuve Jourdain signifie que par Sa parole, Naaman a été purifié de ses péchés. De plus, le chiffre «7» représente la perfection; le fait que Naaman se soit plongé «sept fois» dans le Fleuve signifie que le général a reçu un pardon total.

De la même manière, si nous désirons recevoir la réponse de Dieu, nous devons d'abord nous repentir fermement de nos péchés de la manière dont l'a fait Naaman. La repentance ne s'arrêta pas seulement à dire «Je me repens, j'ai mal agi.» Vous devez «déchirer votre cœur» (Joël 2:13). De plus, lorsque vous vous repentez entièrement de vos péchés, vous devez vous résoudre à ne plus commettre le même péché. Alors seulement, le mur de péché entre Dieu et vous sera détruit, le bonheur jaillira de l'intérieur, vos problèmes seront résolus et vous recevrez les réponses aux désirs de votre cœur.

Deuxièmement, dans 1 Rois 3, nous retrouvons le roi

Salomon offrant mille offrandes brûlées devant Dieu. Au travers de ces offrandes, Salomon a démontré les œuvres de sa foi de manière à recevoir les réponses de Dieu, et par conséquent, il a reçu de Dieu non seulement ce qu'il avait demandé, mais aussi ce qu'il n'avait pas demandé.

Pour que Salomon puisse offrir mille offrandes brûlées, cela demandait une grande quantité de consécration. Pour chaque offrande, le roi devait capturer les animaux et les préparer. Pouvez-vous imaginer combien de temps, d'efforts et d'argent cela demande pour offrir de telles offrandes mille fois? Le type de consécration que Salomon a montré n'aurait pas été possible si le roi ne croyait pas dans le Dieu vivant.

Lorsqu'Il a vu la consécration de Salomon, Dieu ne lui pas seulement donné la sagesse que le roi avait demandé au début, mais aussi les richesses et l'honneur – de sorte que de son vivant il n'eut jamais d'égal en tant que roi.

Enfin, dans Matthieu 15 il y a l'histoire d'une femme cananéenne dont la fille était possédée par un démon. Elle est venue devant Jésus avec un cœur humble et qui ne change pas, a demandé à Jésus la guérison et a finalement reçu le désir de son cœur. Cependant à la ferme demande de la femme, Jésus n'a pas répondu au début, «D'accord, ta fille est guérie.» Au contraire, il a dit à la femme, *«Il n'est pas bien de prendre le pain des enfants, et de le jeter aux petits chiens»* (V. 26). Il a comparé la femme à un chien. Si la femme n'avait pas de foi elle aurait été soit horriblement embarrassée soit irrésistiblement fâchée. Cependant, cette femme avait la foi qui lui a assuré la réponse de Jésus et elle n'était ni déçue ni abattue. Au contraire elle s'est accrochée encore plus humblement à Jésus. «Oui Seigneur» a-t-elle dit «mais même les petits chiens mangent les miettes qui tombent de la table de leurs maîtres.» Par cela, Jésus a été grandement réjoui par la foi de la femme et Il a immédiatement guéri sa fille possédée par les démons.

De même, si nous voulons recevoir la guérison et les réponses, nous devons démontrer notre foi jusqu'à la fin. De plus, si vous possédez une foi par laquelle vous pouvez recevoir Ses réponses, vous devez physiquement vous présenter devant Dieu .

Bien sûr, parce que la puissance de Dieu est grandement manifestée dans l'Eglise Centrale Manmin, il est possible de recevoir la guérison avec le mouchoir sur lequel j'ai prié ou avec des photos. Cependant, à moins que celui qui est malade se trouve dans une condition critique ou à l'étranger, la personne elle-même doit se présenter devant Dieu. On ne peut expérimenter la puissance de Dieu qu'après avoir écouté Sa parole et possédé la foi. De plus si la personne est mentalement attardée ou possédée par des démons et ne peut donc pas se présenter devant Dieu avec sa propre foi, alors, comme la femme cananéenne, ses parents ou sa famille doivent venir devant Dieu à sa place avec foi et amour.

En plus de ceci, il y a encore beaucoup de preuves de la foi. Par exemple, sur le visage de celui qui possède la foi pour recevoir des réponses, le bonheur et la joie sont toujours présents. Dans Marc 11:24, Jésus nous dit, *«C'est pourquoi je vous dis, tout ce que vous demanderez en priant, croyez que vous l'avez reçu et vous le verrez s'accomplir.»* Si vous avez une foi véritable, vous ne pouvez être que reconnaissant et heureux à tout moment. De plus, si vous confessez croire en Dieu, vous obéirez et vivrez selon Sa parole. Étant donné que Dieu est lumière, vous lutterez pour marcher dans la lumière et être transformés.

Dieu se réjouit dans nos œuvres de foi et répond aux désirs de nos cœurs. Possédez-vous le type de mesure de foi que Dieu va approuver?

Dans Hébreux 11:6, on nous rappelle, *«Or sans la foi il est impossible de lui être agréable; car il faut que celui qui s'approche de Dieu croie que Dieu existe, et qu'il est le rémunérateur de ceux qui le cherchent.»*

En comprenant clairement ce que signifie croire en Dieu et en démontrant votre foi, que chacun d'entre vous puisse Lui plaire, expérimenter Sa puissance et mener une vie bénie, dans le nom du Seigneur Jésus-Christ, je prie!

Croire dans le Seigneur

- Le Fils de Dieu le Créateur vient comme le Sauveur
- La providence de Dieu cachée avant le commencement des temps
- Jésus-Christ est qualifié selon la Loi de la Rédemption de la Terre
- La raison pour laquelle Jésus a été pendu à la croix
- Croire au Seigneur signifie changer dans la vérité

Hébreux 12:1-2

Nous donc aussi, puisque nous sommes environnés
d'une si grande nuée de témoins, rejetons tout fardeau,
et le péché qui nous enveloppe si facilement,
et courons avec persévérance dans la carrière
qui nous est ouverte, ayant les regards sur Jésus,
le chef et le consommateur de la foi,
qui, en vue de la joie qui lui était réservée,
a souffert la croix, méprisé l'ignominie,
et s'est assis à la droite du trône de Dieu.

De nombreuses personnes aujourd'hui ont entendu le nom de «Jésus-Christ». Un étonnant nombre de gens ne savent cependant pas pourquoi Jésus est le seul Sauveur pour l'humanité et pourquoi nous ne recevons le salut que lorsque nous croyons en Jésus-Christ. Pire, il y a des chrétiens qui sont incapables de répondre à ces questions, malgré qu'elles aient un rapport direct avec le salut. Cela signifie que ces chrétiens mènent leur vie en Christ sans comprendre entièrement la signification spirituelle de ces questions.

C'est pourquoi, ce n'est que lorsque nous savons et comprenons correctement pourquoi Jésus est notre seul Sauveur et ce que signifie de l'accepter et de croire en Lui, et de posséder la vraie foi, que nous pouvons expérimenter la puissance de Dieu.

Certaines personnes considèrent Jésus comme l'un des quatre grands saints. D'autres pensent simplement à Lui en tant que fondateur de la Chrétienté ou en tant qu'un homme très magnanime qui a fait beaucoup de bien pendant Sa vie.

Cependant, ceux d'entre nous qui sommes devenus enfants de Dieu doivent être capables de confesser que Jésus est le Sauveur de l'humanité qui a racheté tous les gens de leurs péchés. Comment pouvons-nous comparer l'unique Fils de Dieu, Jésus-Christ à des êtres humains, de simples créatures? Même au temps de Jésus, nous voyons qu'il y avait diverses perspectives à travers lesquelles les gens pensaient à son sujet.

Le Fils de Dieu le Créateur vient comme le Sauveur

Dans Matthieu 16, il y a une scène dans laquelle Jésus a demandé à Ses disciples, *«Qui dit-on que Je suis, moi, le Fils de l'homme?»* (v. 13). En citant les réponses de diverses personnes, les disciples ont répondu, *«Certains disent que tu es Jean Baptise, d'autres Elie, et d'autres encore, Jérémie ou l'un des prophètes»* (v.14). Alors, Jésus a demandé à Ses disciples, *«Et vous, qui dites-vous que je suis?»* Lorsque Pierre a répondu, *«Tu es le Christ, le Fils du Dieu vivant,»* (v. 16) Jésus l'a félicité, *«Tu es heureux, Simon, fils de Jonas; car ce ne sont pas la chair et le sang qui t'ont révélé cela, mais c'est mon Père qui est dans les cieux»* (v. 17). Au travers des œuvres innombrables de puissance que Jésus a manifestées, Pierre était persuadé qu'Il était le Fils de Dieu le Créateur et le Christ, le Sauveur de l'humanité.

Au commencement, Dieu a créé un homme de la poussière à Sa propre image et l'a conduit dans le Jardin d'Eden. Dans le jardin, il y avait l'arbre de vie et l'arbre de la connaissance du bien et du mal, et Dieu a ordonné au premier homme Adam, *«Tu pourras manger de tous les arbres du jardin; mais tu ne mangeras pas de l'arbre de la connaissance du bien et du mal, car le jour où tu en mangeras, tu mourras certainement»* (Genèse 2:16-17).

Après qu'un temps assez long se soit écoulé, le premier homme Adam et la femme Eve ont été tentés par le serpent, qui était manipulé par Satan, et ils ont désobéi au commandement de Dieu. Ils ont finalement mangé de l'arbre de la connaissance du bien et du mal et ont été chassés du Jardin d'Eden. La conséquence de cet acte fut que les descendants d'Adam et Eve ont hérité de leur nature pécheresse. De plus, comme Dieu avait dit à Adam qu'il mourrait certainement, tous les esprits de ses descendants ont été conduits vers la mort éternelle.

C'est pourquoi, avant le commencement des temps, Dieu a préparé le chemin du salut, le Fils de Dieu le Créateur, Jésus-Christ. Comme nous le dit Actes 4:12, *«Il n'y a de salut en aucun autre; car il n'y a sous le ciel aucun autre nom qui ait été donné parmi les hommes, par lequel nous devions être sauvés,»* si ce n'est Jésus-Christ, personne dans l'histoire n'est qualifié pour être le Sauveur de l'humanité.

La providence de Dieu cachée avant le commencement des temps

1 Corinthiens 2:6-7 nous dit, *«Cependant, c'est une sagesse que nous prêchons parmi les parfaits, sagesse qui n'est pas de*

ce siècle, ni des chefs de ce siècle, qui vont être réduits à l'impuissance; nous prêchons la sagesse de Dieu, mystérieuse et cachée, que Dieu, avant les siècles, avait prédestinée pour notre gloire.» 1 Corinthiens 2:8-9 continue en nous rappelant, *«sagesse qu'aucun des chefs de ce siècle n'a connue, car, s'ils l'eussent connue, ils n'auraient pas crucifié le Seigneur de gloire. Mais, comme il est écrit, ce sont des choses que l'oeil n'a point vues, que l'oreille n'a point entendues, et qui ne sont point montées au coeur de l'homme, des choses que Dieu a préparées pour ceux qui l'aiment.»* Nous devons réaliser que le chemin du salut que Dieu a préparé pour l'humanité avant le commencement des temps est le chemin de la croix par Jésus-Christ et c'est cela la sagesse de Dieu qui avait été cachée.

En tant que Créateur, Dieu dirige toujours toutes choses dans l'univers et gouverne l'histoire de l'humanité. Le roi ou le président d'un pays gouverne son pays selon la loi du pays; le président d'une société supervise sa société selon les directives de la société; et le chef d'une famille supervise sa famille selon les lois de la famille. De la même manière, malgré que Dieu soit le propriétaire de toutes choses dans l'univers, Il gouverne toujours selon la loi du monde spirituel que nous trouvons dans la Bible.

Selon la loi du monde spirituel, il y a une règle, *«Le salaire du péché c'est la mort»* (Romains 6:23), qui punit les coupables et il y a aussi une loi qui peut nous racheter de nos péchés. C'est pourquoi, Dieu a appliqué la loi pour nous racheter de nos péchés de sorte à restaurer l'autorité qui a été perdue en faveur de l'ennemi diable à cause de la désobéissance d'Adam.

Quelle est la loi par laquelle l'humanité pouvait être rachetée et l'autorité que le premier homme Adam avait transférée au diable pouvait être restaurée? Selon la «loi de la rédemption de la terre,» Dieu a préparé le chemin du salut pour l'humanité avant le commencement des temps.

Jésus-Christ est qualifié selon la Loi de la Rédemption de la Terre

Dieu a donné aux Israélites la «loi de la rédemption de la terre», qui disait ce qui suit, «la terre ne peut pas être vendue à perpétuité, et si quelqu'un devenait pauvre et vendait sa terre, son proche parent ou la personne même devait venir et racheter la terre, en restaurant ainsi la propriété de la terre» (Lévitique 25:23-28).

Dieu savait d'avance qu'Adam transmettrait l'autorité qu'il avait reçue de Dieu au diable par sa désobéissance. De plus, en tant que véritable et vrai propriétaire de toutes choses dans l'univers, Dieu a transmis au diable l'autorité et la gloire qu'Adam avait possédée, comme cela avait été exigé par la loi du monde spirituel. C'est pourquoi, lorsque le diable a tenté Jésus dans Luc 4 en lui montrant tous les royaumes de la terre, il a pu dire à

Jésus, «*Je te donnerai toute cette puissance, et la gloire de ces royaumes; car elle m'a été donnée, et je la donne à qui je veux. Si donc tu te prosternes devant moi, elle sera toute à toi*» (Luc 4:6-7).

Selon la loi de la rédemption de la terre, toute terre appartient à Dieu. Les hommes ne peuvent donc pas la vendre à perpétuité et si un individu ayant ses propres qualifications apparaît, les terres vendues doivent être restaurées à cette personne. De la même manière, toutes les choses dans l'univers appartiennent à Dieu, et Adam ne pouvait donc pas les vendre à perpétuité, et de même le diable ne pouvait pas non plus les posséder à perpétuité. C'est pourquoi si une personne capable de racheter l'autorité perdue d'Adam paraissait, l'ennemi diable n'avait pas d'autre choix que de rendre l'autorité qu'il avait reçue d'Adam.

Avant le commencement des temps, le Dieu de justice a préparé un homme sans blâme qualifié selon la loi de la rédemption de la terre et que ce chemin du salut de l'humanité est Jésus-Christ.

Alors, comment, selon la loi de la rédemption de la terre, Jésus-Christ pouvait-Il restaurer l'autorité qui a été transférée à l'ennemi diable? Seulement quand Jésus a répondu aux quatre qualifications suivantes, Il a pu racheter tous les hommes de leurs péchés et restaurer l'autorité qui avait été transférée à l'ennemi diable.

Premièrement, le rédempteur doit être un homme, un «proche parent» d'Adam

Lévitique 25:25 nous dit, *«Si ton frère devient pauvre et vend une portion de sa propriété, celui qui a le droit de rachat, son plus proche parent, viendra et rachètera ce qu'a vendu son frère.»* Etant donné qu'un «proche parent» pouvait racheter la terre, de manière à restaurer l'autorité qu'Adam avait transférée, ce proche parent, devait être un homme. 1 Corinthiens 15:21-22 dit, *«Car, puisque la mort est venue par un homme, c'est aussi par un homme qu'est venue la résurrection des morts. Et comme tous meurent en Adam, de même aussi tous revivront en Christ.»* En d'autres termes, comme la mort est entrée à cause de la désobéissance d'un homme, la résurrection des esprits morts doit être accomplie par un homme.

Jésus-Christ est «la Parole faite chair» et elle est venue sur la terre (Jean 1:14). Il est le Fils de Dieu né dans la chair avec à la fois la nature humaine et la nature divine. De plus, Sa naissance est un fait historique et il y a de nombreuses preuves qui en témoignent. La plus visible est que l'histoire de l'humanité est calculée en utilisant AC ou 'avant Jésus-Christ' et AJC ou «après Jésus-Christ» ou «Anno Domini» ce qui en latin signifie «dans l'année du Seigneur.»

Étant donné que Jésus-Christ est entré dans le monde dans la chair, il est le 'proche parent' d'Adam et il remplit la première qualification.

Deuxièmement, le rédempteur ne peut pas être un descendant d'Adam

Pour que quelqu'un rachète les autres de leurs péchés, il ne peut pas lui-même être pécheur. Tous les descendants d'Adam qui lui-même est devenu pécheur suite à sa désobéissance sont des pécheurs. C'est pourquoi, selon la loi de la rédemption de la terre, celui qui rachète ne peut être un descendant d'Adam.

Dans Apocalypse 5:1-3 nous trouvons:

> *Puis je vis dans la main droite de celui qui était assis sur le trône un livre écrit en dedans et en dehors, scellé de sept sceaux. Et je vis un ange puissant, qui criait d'une voix forte: Qui est digne d'ouvrir le livre, et d'en rompre les sceaux? Et personne dans le ciel, ni sur la terre, ni sous la terre, ne put ouvrir le livre ni le regarder.*

Ici, le livre « scellé de sept sceaux » se réfère au contrat forgé entre Dieu et le diable après la désobéissance d'Adam, et celui qui est « digne d'ouvrir le livre et d'en rompre les sept sceaux » doit être qualifié selon la loi de la rédemption de la terre. Lorsque l'apôtre Jean a regardé pour voir celui qui pourrait ouvrir le livre et en rompre les sceaux, il ne put pas le trouver.

Jean regarda dans le ciel et il y avait des anges, mais pas d'homme. Il regarda sur la terre et il ne vit que les descendants d'Adam, tous des pécheurs. Il regarda sous la terre et il ne vit que des pécheurs destinés à l'enfer et des créatures qui appartiennent au diable. Jean pleura et pleura parce que personne ne fut trouvé qualifié selon la loi de la rédemption de la terre (v. 4).

Puis , l'un des vieillards a réconforté Jean, et lui dit *«Ne pleure point; voici, le lion de la tribu de Juda, le rejeton de David, a vaincu. Il est capable d'ouvrir le livre et ses sept sceaux.»* Ici, «le lion de la tribu de Juda, le rejeton de David» se réfère à Jésus, qui est de la tribu de Juda et de la maison de David; Jésus-Christ est qualifié d'être le rédempteur selon la loi de la rédemption de la terre.

Dans Matthieu 1:18-21, nous trouvons un récit détaillé de la naissance de notre Seigneur:

> *Voici de quelle manière arriva la naissance de Jésus-Christ. Marie, sa mère, ayant été fiancée à Joseph, se trouva enceinte, par la vertu du Saint-Esprit, avant qu'ils eussent habité ensemble. Joseph, son époux, qui était un homme de bien et qui ne voulait pas la diffamer,*

se proposa de rompre secrètement avec elle. Comme il y pensait, voici, un ange du Seigneur lui apparut en songe, et dit: «Joseph, fils de David, ne crains pas de prendre avec toi Marie, ta femme, car l'enfant qu'elle a conçu vient du Saint-Esprit; elle enfantera un fils, et tu lui donneras le nom de Jésus; c'est lui qui sauvera son peuple de ses péchés.»

La raison pour laquelle le Fils unique de Dieu, Jésus-Christ est venu dans ce monde dans la chair (Jean 1:14) au travers du ventre de la Vierge Marie est parce que Jésus devait être un homme, mais pas un descendant d'Adam, de sorte qu'il puisse être qualifié selon la loi de la rédemption de la terre.

Troisièmement, le rédempteur doit avoir de la puissance

Supposons qu'un jeune frère devient pauvre et vend sa terre et son frère aîné veut racheter la terre pour son cadet. Alors le frère aîné doit réunir suffisamment de biens pour la racheter (Lévitique 25:26). De même, si le jeune frère est dans une grande dette et que le frère aîné veuille rembourser cette dette, le frère aîné pourra le faire lorsqu'il aura suffisamment de biens et pas seulement de bonnes intentions.

De la même manière, pour transformer un pécheur en un

homme juste, «des moyens suffisants» ou de la puissance sont nécessaires. Ici, la puissance pour racheter la terre se réfère à la puissance pour racheter tous les hommes de leurs péchés. En d'autres termes le rédempteur de tous les hommes qui est qualifié selon la loi de la rédemption de la terre ne peut avoir de péchés trouvés en lui.

Étant donné que Jésus-Christ n'est pas un descendant d'Adam, il n'a pas le péché originel. Jésus-Christ n'a pas non plus de péchés commis lui-même étant donné qu'il a observé la loi pendant les 33 ans de sa vie sur la terre. Il a été circoncis le 8ème jour après Sa naissance et avant son ministère de trois ans, Jésus a pleinement obéi et a aimé Ses parents et a conservé avec dévotion tous les commandements.

C'est pourquoi Hébreux 7:26 nous dit, *«Il nous convenait, en effet, d'avoir un souverain sacrificateur comme lui, saint, innocent, sans tache, séparé des pécheurs, et plus élevé que les cieux.»* Dans 1 Pierre 2:22-23, nous trouvons, *«Lui qui n'a point commis de péché, Et dans la bouche duquel il ne s'est point trouvé de fraude; lui qui, injurié, ne rendait point d'injures, maltraité, ne faisait point de menaces, mais s'en remettait à celui qui juge justement.»*

Quatrièmement, le rédempteur doit avoir l'amour

Pour que la rédemption de la terre soit accomplie, en plus des trois conditions citées, il faut de l'amour. Sans amour, un frère aîné qui est capable de racheter la terre ne rachètera pas cette terre. Même si ce frère aîné est l'homme le plus riche du pays, et tandis que son frère cadet a un montant astronomique de dettes, sans amour, le frère aîné n'aiderait pas son frère cadet. Quel bien ferait alors la puissance et la prospérité du frère aîné pour son frère cadet?

Dans Ruth 4 il y a l'histoire de Boaz qui était parfaitement au courant de la situation dans laquelle se trouvait Naomi, la belle mère de Ruth. Lorsque Boaz demande à celui qui avait le droit de rachat de racheter l'héritage de Naomi, celui-ci répondit, «*Je ne puis pas racheter pour mon compte, crainte de détruire mon héritage; prends pour toi mon droit de rachat, car je ne puis pas racheter*» (v. 6). Alors, Boaz dans son abondant amour a racheté la terre pour Naomi. Après, Boaz a grandement été béni en devenant un ancêtre de David.

Jésus qui est venu dans le monde en chair, n'était pas un descendant d'Adam parce qu'il a été conçu par le Saint-Esprit et n'a pas commis de péché. De plus, il a les moyens de nous racheter, cependant, si Jésus n'avait pas eu d'amour, Il n'aurait pas enduré la souffrance de la crucifixion. Mais Jésus était tellement rempli d'amour qu'il a été crucifié par de simples créatures, a versé tout Son sang et a racheté l'humanité, ouvrant ainsi le chemin du salut. Cela est le résultat de l'incommensurable amour de notre Père Dieu et du sacrifice de Jésus qui a été obéissant jusqu'à la mort.

La raison pour laquelle Jésus a été pendu à la croix

Pourquoi Jésus a-t-il été pendu sur une croix de bois ? C'est pour satisfaire la loi du monde spirituel qui déclare que, *«Christ nous a rachetés de la malédiction de la loi, étant devenu malédiction pour nous-car il est écrit: Maudit est quiconque est pendu au bois,»* (Galates 3:13). Jésus a été pendu sur une croix à notre place de sorte qu'il puisse nous racheter, nous pécheurs de la «malédiction de la loi.»

Lévitique 17:11 nous dit, *«Car l'âme de la chair est dans le sang. Je vous l'ai donné sur l'autel, afin qu'il servît d'expiation pour vos âmes, car c'est par l'âme que le sang fait l'expiation.»* Hébreux 9:22 nous dit, *«Et presque tout, d'après la loi, est purifié avec du sang, et sans effusion de sang il n'y a pas de pardon.»* Le sang est la vie parce qu'il «n'y a pas de pardon» sans effusion de sang. Jésus a versé son sang sans blâme et précieux de sorte que nous puissions gagner la vie.

De plus, au travers de Ses souffrances sur la croix, les croyants sont délivrés de la malédiction des maladies, infirmités, pauvreté et ainsi de suite. Étant donné que Jésus a vécu dans la pauvreté, Il a pris soin de notre pauvreté. Étant donné que Jésus a été flagellé, nous sommes libres de toutes nos maladies. Étant donné que

Jésus a été couronné d'épines, il nous a rachetés des péchés que nous commettons avec nos pensées. Étant donné que Jésus a été cloué par les mains et les pieds, Il nous rachète de tous les péchés que nous commettons avec nos mains et nos pieds.

Croire au Seigneur signifie changer dans la vérité

Les gens qui comprennent réellement la providence de la croix et la croient du plus profond de leurs cœurs, se débarrasseront des péchés et vivront selon la volonté de Dieu. Comme Jésus nous le dit dans Jean 14:23, *«Si quelqu'un m'aime, il gardera ma parole, et mon Père l'aimera; nous viendrons à lui, et nous ferons notre demeure chez lui,»* de telles personnes recevront l'amour et les bénédictions de Dieu.

Pourquoi alors, ceux qui confessent leur foi dans le Seigneur ne reçoivent-ils pas les réponses à leurs prières et vivent-ils au milieu des épreuves et des afflictions? C'est parce que, malgré qu'ils disent qu'ils croient en Dieu, Dieu ne considère pas leur foi comme une foi véritable. Cela signifie que malgré qu'ils aient entendu la parole de Dieu, il ne se sont pas encore débarrassés de leurs péchés ni changés dans la vérité.

Par exemple, il y a d'innombrables croyants qui échouent à obéir aux dix commandements, les fondements de la vie en Christ. De telles personnes sont conscientes du commandement

«Souviens-toi du jour du Sabbat, et sanctifie le.» Mais ils n'assistent qu'au culte du matin ou n'assistent à aucun culte et font leur propre travail le jour du Seigneur. Ils savent qu'ils doivent donner leurs dîmes, mais parce qu'ils aiment trop l'argent, ils échouent à donner toutes leurs dîmes. Lorsque Dieu nous a spécifiquement dit que ne pas payer toute sa dîme c'est Le «voler», Comment recevraient-ils des réponses et des bénédictions (Malachie 3:8)?

Alors, il y a ces croyants qui ne pardonnent pas les erreurs et les fautes des autres. Ils se fâchent et ils échafaudent des plans pour rendre le même degré de mal. Certains font des promesses, mais les brisent encore et encore, alors que d'autres blâment et se lamentent exactement comme le font les gens du monde. Comment peut-on dire qu'ils ont la vraie foi?

Si nous avons la vraie foi, nous devons lutter pour accomplir toutes choses selon la volonté de Dieu, éviter toute espèce de mal et ressembler au Seigneur qui a donné Sa vie pour nous pécheurs. De telles personnes peuvent pardonner et aimer même ceux qui les blessent, et ils servent toujours et se sacrifient pour les autres.

Lorsque vous vous débarrassez de la colère, vous serez transformés en une bonne personne dont les lèvres ne prononceront que des paroles de bonté et de chaleur. Si vous vous étiez plaint auparavant à chaque occasion, par la vraie foi, vous tournerez pour donner reconnaissance en toutes circonstances et partager la grâce à tous ceux autour de vous.

Si nous avons vraiment cru dans le Seigneur, chacun d'entre nous doit Lui ressembler et mener une vie transformée. C'est le moyen de recevoir les réponses et les bénédictions de Dieu.

Hébreux 12:1-2 dit:

> *«Nous donc aussi, puisque nous sommes environnés d'une si grande nuée de témoins, rejetons tout fardeau, et le péché qui nous enveloppe si facilement, et courons avec persévérance dans la carrière qui nous est ouverte, ayant les regards sur Jésus, qui suscite la foi et la mène à la perfection; en échange de la joie qui lui était réservée, il a souffert la croix, méprisé l'ignominie, et s'est assis à la droite du trône de Dieu.»*

En plus des nombreux précurseurs de la foi que nous trouvons dans la Bible, parmi ceux autour de nous, il y a de nombreuses personnes qui ont reçu le salut et les bénédictions par leur foi dans le Seigneur.

Comme une «grande nuée de témoins», possédons la foi véritable! Rejetons tout ce qui empêche et le péché qui si facilement nous étrangle et luttons pour ressembler à notre Seigneur! Alors seulement, comme Jésus nous l'a promis dans Jean 15:7, *«Si vous demeurez en moi, et que mes paroles demeurent en vous, demandez ce que vous voudrez, et cela vous sera accordé,»* chacun d'entre nous mènera une vie qui est remplie de Ses réponses et bénédictions.

Si vous ne vivez pas encore une telle vie, examinez votre vie, soumettez votre cœur et repentez vous pour n'avoir pas correctement cru dans le Seigneur, et prenez la résolution de ne vivre que selon la parole de Dieu.

Que chacun d'entre vous possède la foi véritable, expérimente la puissance de Dieu et le glorifie grandement avec toutes vos réponses et bénédictions, dans le nom du Seigneur Jésus-Christ, je prie!

Un Vase plus Beau qu'un Joyau

- Les bien-aimés enfants de Dieu comparés à des «vases»
- Bénédictions pour des vases plus beaux que des joyaux

2 Timothée 2:20-21

Dans une grande maison,
il n'y a pas seulement des vases d'or et d'argent,
mais il y en a aussi de bois et de terre;
les uns sont des vases d'honneur,
et les autres sont d'un usage vil.
Si donc quelqu'un se conserve pur,
en s'abstenant de ces choses,
il sera un vase d'honneur, sanctifié,
utile à son maître,
propre à toute bonne œuvre.

Dieu a créé l'humanité de sorte qu'Il puisse récolter de vrais enfants avec lesquels il pourrait partager Son amour. Les gens ont cependant péché, s'écartant du véritable but de leur création, et ils sont devenus esclaves de l'ennemi diable et Satan (Romains 3:23). Cependant, le Dieu d'amour n'a pas abandonné le but de récolter de vrais enfants. Il a ouvert le chemin du salut pour les gens qui se trouvaient au milieu du péché. Dieu a permis que Son Fils unique Jésus-Christ soit crucifié, de sorte qu'Il puisse racheter tous les hommes des péchés.

Par cet amour étonnant accompagné d'un grand sacrifice, pour quiconque croit en Jésus-Christ, le chemin du salut a été ouvert. À quiconque croit dans son cœur que Jésus est mort et est ressuscité du tombeau et confesse de sa bouche que Jésus est son Sauveur reçoit le droit de devenir un enfant de Dieu.

Les bien-aimés enfants de Dieu comparés à des «vases»

Comme le dit 2 Timothée 2:20-21, «*Dans une grande maison, il n'y a pas seulement des vases d'or et d'argent, mais il y en a aussi de bois et de terre; les uns sont des vases d'honneur, et les autres sont d'un usage vil. Si donc quelqu'un se conserve pur, en s'abstenant de ces choses, il sera un vase d'honneur, sanctifié, utile à son maître, propre à toute bonne œuvre,»* le but d'un vase est de contenir des objets. Dieu compare Ses enfants à des «vases» parce qu'en eux, Il peut déverser Son amour et Sa grâce, et Sa parole qui est la vérité, aussi bien que Sa puissance et Son autorité. C'est pourquoi, nous devons réaliser qu'en fonction du type de vase que nous préparons, nous pouvons jouir de toutes sortes de dons et de bénédictions que Dieu a préparés pour nous.

Quel type de vase est alors une personne qui peut contenir toutes les bénédictions que Dieu a préparées? C'est un vase que Dieu considère comme précieux, noble et beau.

Tout d'abord, un «précieux» vase est celui qui accomplit pleinement ses tâches confiées par Dieu. Jean Baptiste qui a préparé le chemin pour notre Seigneur Jésus et Moïse qui a conduit les Israélites hors d'Egypte appartiennent à cette catégorie.

Ensuite, un vase «noble» est celui avec de telles qualités telles que l'honnêteté, la vérité, la résolution et la fidélité, toutes choses qui sont rares chez une personne ordinaire. Joseph et Daniel, qui tous deux ont occupé une position similaire en tant que premier ministre de pays puissants et ont grandement glorifié Dieu, appartiennent à cette catégorie.

Enfin, un vase «beau» devant Dieu est celui avec un bon cœur qui ne se querelle ni ne se dispute jamais, mais qui accepte dans la vérité et tolère toutes choses. Esther qui a sauvé ses compatriotes et Abraham qui était appelé « ami de Dieu » appartiennent à cette catégorie.

« Un vase plus beau qu'un joyau » est un individu qui possède les qualifications pour être appelé précieux, noble et beau par Dieu. Un joyau, dissimulé parmi les cailloux se reconnaît immédiatement. De la même manière, tous les gens de Dieu qui sont plus beaux que les joyaux sont sans aucun doute reconnaissables.

La plupart des joyaux sont coûteux pour leur taille, mais la brillance et leurs couleurs variées bien que distinctes attirent les gens à la poursuite de la beauté. Cependant, toutes les pierres qui brillent ne sont pas appelés joyaux. Les vrais joyaux doivent aussi posséder des nuances et un lustre autant qu'une solidité physique. Ici « solidité physique » se réfère à la capacité du matériau de résister à la chaleur en n'étant pas contaminé par d'autres substances, et à garder sa forme. Un autre aspect important est la rareté.

S'il y a un vase de magnifique brillance, de solidité physique et de rareté, combien ce vase serait-il précieux, noble et beau ? Dieu veut que Ses enfants deviennent des vases plus beaux que des joyaux et Il veut qu'ils mènent des vies bénies. Quand Dieu découvre de tels vases, Il verse en abondance en eux les signes de Son amour et de Son ravissement.

Comment pouvons-nous devenir des vases plus beaux que

des joyaux aux yeux de Dieu?

Premièrement, vous devez accomplir la sanctification de votre cœur avec la parole de Dieu qui est la vérité même.

Pour qu'un vase soit utilisé selon son but originel, il doit tout d'abord être propre. Même un vase d'or onéreux ne peut pas être utilisé s'il est souillé et marqué de saletés. Ce n'est que lorsque ce vase d'or onéreux est nettoyé dans l'eau qu'il peut être utilisé pour son but.

La même règle est d'application avec les enfants de Dieu. Pour Ses enfants, Dieu a préparé d'abondantes bénédictions et une variété de dons, de bénédictions, de richesses, de santé et d'autres similaires. Pour que nous recevions ces bénédictions et dons, nous devons d'abord nous préparer en tant que vases propres.

Nous trouvons dans Jérémie 17:9, «*Le coeur est tortueux par-dessus tout, et il est méchant: Qui peut le connaître?*» Nous trouvons aussi dans Matthieu 15:18-19, «*Mais ce qui sort de la bouche vient du coeur, et c'est ce qui souille l'homme. Car c'est du coeur que viennent les mauvaises pensées, les meurtres, les adultères, les impudicités, les vols, les faux témoignages, les calomnies.*» C'est pourquoi, ce n'est qu'après avoir nettoyé notre cœur que nous pouvons devenir des vases propres. Dès qu'il sera devenu un vase propre, personne ne pourra jamais penser, «des pensées mauvaises», prononcer des mots mauvais ni accomplir des actes mauvais.

Le nettoyage de nos cœurs n'est possible qu'avec de l'eau spirituelle, la parole de Dieu. C'est pourquoi la parole nous presse dans Ephésiens 5:26, *«Pour nous sanctifier par la parole après l'avoir purifiée par le baptême d'eau»* et elle encourage chacun de nous, *«approchons-nous avec un coeur sincère, dans la plénitude de la foi, les coeurs purifiés d'une mauvaise conscience, et le corps lavé d'une eau pure.»* (Hébreux 10:22)

Comment alors, l'eau spirituelle – la parole de Dieu – nous lave-t-elle? Nous devons obéir à une variété de commandements trouvés dans les soixante six livres de la Bible qui servent à «nettoyer» nos cœurs. Obéir à de tels commandements tels que «ne faites pas» et «chassez» nous conduira en fin de compte à nous débarrasser de tout péché et de tout mal.

Le comportement de ceux qui ont lavé leurs cœurs avec cette parole changera également et reflétera la lumière de Christ. Cependant, obéir à la parole ne peut pas uniquement être fait par notre propre force ou volonté, le Saint-Esprit doit nous conduire et nous aider.

Lorsque nous entendons et comprenons la parole, ouvrons nos cœurs et acceptons Jésus en tant que Sauveur, Dieu nous donne le Saint-Esprit comme un don. Le Saint-Esprit réside dans les gens qui acceptent Jésus comme leur Sauveur et il les aide à entendre et à comprendre la parole de vérité. La Bible nous dit que, *«Ce qui est né de la chair est chair et ce qui est né de l'Esprit est esprit.»* (Jean 3:6). Les enfants de Dieu qui reçoivent le Saint-Esprit en tant que don peuvent se séparer chaque jour du péché et du mal par la puissance du Saint-Esprit et devenir des gens spirituels.

Certains d'entre vous sont-ils soucieux ou anxieux en pensant, «Comment puis-je garder tous ces commandements»?

1 Jean 5:2-3 nous rappelle, *«Nous connaissons que nous aimons les enfants de Dieu, lorsque nous aimons Dieu, et que nous pratiquons ses commandements. Car l'amour de Dieu consiste à garder ses commandements. Et ses commandements ne sont pas pénibles.»* Si vous aimez Dieu du fond de votre cœur, obéir à Ses commandements ne doit pas être difficile.

Lorsque les parents donnent naissance à leurs enfants, les parents s'occupent de chaque aspect de leur enfant, y compris la nourriture, l'habillement, le bain et ainsi de suite. D'autre part, si les parents prennent soin d'un enfant qui n'est pas le leur, cela peut paraître un fardeau. D'autre part, si les parents s'occupent de leur propre enfant, cela ne peut jamais être un fardeau. Même si l'enfant se réveille et crie au milieu de la nuit, les parents ne se sentent pas dérangés; ils aiment simplement trop leur enfant. Faire quelque chose pour un bien-aimé est une source de grande joie et de bonheur; ce n'est ni difficile ni irritant. De la même manière, si nous croyons réellement que Dieu est le père de nos esprits, et que, dans son incommensurable amour, il nous a donné Son Fils unique pour qu'Il soit crucifié sur une croix pour nous, comment ne pourrions-nous pas l'aimer? De plus, si nous aimons Dieu, vivre selon Sa parole ne doit pas être ardu. Au contraire, ce sera ardu et agonisant lorsque vous ne vivez pas selon la parole de Dieu ou n'obéissez pas à Sa volonté.

J'ai souffert d'une variété de maladies pendant sept années jusqu'à ce que ma sœur aînée me conduise dans un sanctuaire de Dieu. En recevant le feu du Saint-Esprit et la guérison en un instant de toutes mes maladies, je me suis agenouillé dans le sanctuaire, j'ai rencontré le Dieu vivant. C'était le 17 Avril 1974. À partir de là j'ai commencé à assister à tous les cultes d'adoration en pleine gratitude pour la grâce de Dieu. En Novembre de cette année, j'ai assisté à ma première réunion de réveil au cours de laquelle j'ai commencé à apprendre Sa parole, le fondement d'une vie en Christ :

'Ah c'est ce que Dieu aime'
'Je dois chasser tous mes péchés'
'Voila ce qui se produit quand je crois'
'Je dois abandonner le tabac et la boisson'
'Je dois prier continuellement'
'Donner ses dîmes est obligatoire'
'Et je ne puis me présenter devant Dieu les mains vides.'

Toute la semaine, je n'ai reçu la parole qu'avec des «Amen!»

dans mon cœur.

Après cette réunion de réveil, j'ai abandonné le tabac et la boisson, et j'ai commencé à donner mes dîmes et des offrandes d'action de grâces. J'ai aussi commencé à prier à l'aube et je suis graduellement devenu un homme de prières. J'ai fait exactement comme j'avais appris et j'ai aussi commencé à lire la Bible.

J'ai été guéri de toutes mes maladies et infirmités, dont je ne pouvais en guérir aucune par des moyens humains, en un instant par la puissance de Dieu. C'est pourquoi je ne pouvais qu'entièrement croire dans chaque verset et chapitre de la Bible. Puisque j'étais un débutant dans la foi à cette époque, il y avait certains passages de l'écriture que je ne comprenais pas facilement. Je comprenais cependant les commandements. Et j'ai commencé à obéir immédiatement. Par exemple, lorsque la Bible m'a dit de ne pas mentir, je me suis dit à moi-même, «Mentir est un péché! La Bible me dit de ne pas mentir, et ainsi je ne mentirai pas.» J'ai aussi prié, «Dieu, je T'en prie, aide-moi à chasser des mensonges par inadvertance!» Ce n'est pas que j'avais trompé des gens avec un cœur mauvais, mais néanmoins, j'ai prié avec fermeté de sorte que je puisse même arrêter les mensonges par inadvertance.

De nombreuses personnes mentent, et la plupart d'entre elles ne réalisent pas leurs mensonges. Si quelqu'un avec lequel vous ne souhaitez pas parler au téléphone appelle, n'avez-vous jamais

L'auteur le Dr. Jaerock Lee

demandé nonchalamment à vos enfants, collègues ou amis «dis-lui que je ne suis pas là»? De nombreuses gens mentent parce qu'ils sont prévenants envers les autres. De telles gens mentent lorsque par exemple, on leur demande s'ils veulent quelque chose à manger ou à boire lors de leurs visites aux autres. Malgré qu'ils n'aient pas mangé ou qu'ils aient soif, les personnes qui ne veulent pas être un «fardeau» disent souvent à leurs hôtes, «Non, merci, j'ai mangé ou bu quelque chose avant de venir ici.» Cependant, quand j'ai appris que mentir, même avec de bonnes intentions restait mentir, j'ai continuellement prié pour chasser tout mensonge et à la fin, j'ai même pu chasser les mensonges par inadvertance.

De plus, j'ai fait une liste de tout mal et tout péché que je devais chasser et j'ai prié. Seulement quand j'étais convaincu que j'avais sûrement chassé un mal et une habitude pécheresse ou un acte pécheur l'un après l'autre, je supprimais ce sujet de ma liste avec un stylo rouge. S'il y avait quelque chose de mauvais ou de pécheur que je ne pouvais pas facilement chasser même après une prière déterminée, je commençais à jeûner sans attendre. Si je ne pouvais pas le faire après un jeûne de trois jours, je prolongeais le jeûne à cinq jours. Si je répétais le même péché, alors je partais pour un jeûne de sept jours. Cependant, rarement j'ai dû jeûner pendant une semaine; après un jeûne de trois jours, je pouvais chasser la plupart des péchés et le mal. Dans la mesure où je chassais le mal au travers de ce processus répété, je suis devenu un vase plus propre.

Trois ans après avoir rencontré le Seigneur, j'ai rejeté tout ce qui est désobéissant à la parole de Dieu et j'ai pu être considéré comme un vase propre à Ses yeux. En plus, comme je gardais les commandements avec sérieux et diligence, y compris les «faites», et les «gardez», j'ai pu arriver à vivre selon Sa parole dans un temps assez réduit. Comme je me transformais en un vase propre, Dieu m'a abondamment béni. Ma famille a reçu les bénédictions de la santé. J'ai rapidement pu payer toutes mes dettes. J'ai reçu des bénédictions à la fois physiques et spirituelles. C'est parce que la Bible nous assure de ce qui suit, *«Bien-aimés, si notre coeur ne nous condamne pas, nous avons de l'assurance devant Dieu. Quoi que ce soit que nous demandions, nous le recevons de lui, parce que nous gardons ses commandements et que nous faisons ce qui lui est agréable.»* (1 Jean 3:21-22)

Deuxièmement, pour devenir un vase plus beau qu'un joyau, vous devez être «raffinés par le feu» et briller de la lumière spirituelle

Des pierres précieuses onéreuses sur des bagues ou des colliers ont à un certain moment été impures. Cependant elles ont été raffinées par des lapidaires et reflètent de brillantes lumières et possèdent de belles formes.

Tout comme ces habiles tailleurs coupent, polissent et raffinent par le feu ces pierres précieuses et les transforment en de magnifiques formes avec un grand lustre, Dieu discipline Ses enfants. Dieu ne les discipline pas à cause de leurs péchés, mais de sorte qu'au travers de cette discipline, Il puisse physiquement et spirituellement les bénir. Aux yeux de Ses enfants, qui n'ont pas péché ni commis de mauvais actes, il semblerait qu'ils aient à subir la douleur et les souffrances des épreuves. Ceci est un processus au travers duquel Dieu entraîne et discipline Ses enfants de sorte qu'ils puissent briller de plus belles couleurs et lustre. 1 Pierre 2:19 nous rappelle que, *«Car c'est une grâce que de supporter des afflictions par motif de conscience envers Dieu, quand on souffre injustement.»* Nous lisons aussi, *«que l'épreuve de votre foi, plus précieuse que l'or périssable (qui cependant est éprouvé par le feu), ait pour résultat la louange, la gloire et l'honneur, lorsque Jésus-Christ apparaîtra.»* (1 Pierre 1:7)

Même si les enfants de Dieu ont déjà chassé toute espèce de mal et deviennent des vases sanctifiés, au temps de son élection, Dieu leur permet d'être disciplinés et éprouvés, de sorte qu'ils puissent paraître comme des vases encore plus beaux que les joyaux. Comme nous le dit la seconde moitié de 1 Jean 1:5, *«Dieu est lumière et il n'y a en Lui aucunes ténèbres,»* parce que Dieu est la lumière glorieuse sans le soupçon d'un défaut ni d'un blâme. Il conduit Ses enfants vers le même niveau de lumière.

C'est pourquoi, lorsque vous surmontez toute épreuve permise par Dieu dans la bonté et l'amour, vous deviendrez un vase plus beau et brillant. Le niveau d'autorité spirituelle et de puissance est différent selon l'éclat de la lumière spirituelle. De plus, lorsque la lumière spirituelle brille, l'ennemi diable et Satan n'ont pas d'endroit où se tenir.

Dans Marc 9, il y a une scène dans laquelle Jésus chasse un esprit impur d'un garçon dont le père a supplié Jésus de guérir son fils. Jésus a réprimandé l'esprit impur «Toi esprit sourd et muet, je t'ordonne de sortir de lui et de ne plus jamais y entrer.» L'esprit impur a quitté le garçon qui est redevenu normal. Avant cette scène, il y a eu un autre épisode dans lequel un père a amené son fils aux disciples de Jésus qui n'ont pas pu chasser l'esprit impur. C'était parce que le niveau de lumière spirituelle des disciples et celui de Jésus étaient différents.

Alors, que devons-nous faire si nous devons entrer dans le niveau de lumière spirituel de Jésus? Nous pouvons être vainqueurs dans toutes les épreuves en croyant fermement à Dieu, surmontant le mal par le bien, et même en aimant nos ennemis. Par conséquent, dès que notre bonté, notre amour et notre justice sont considérés comme parfaits, tout comme Jésus, vous pouvez chasser les esprits impurs et guérir toutes maladies et infirmités.

Bénédictions pour des vases plus beaux que des joyaux

Comme j'ai marché sur le chemin de la foi au fil des années, j'ai aussi enduré d'innombrables épreuves. Par exemple, à l'accusation d'un programme TV il y a quelques années, j'ai subi une épreuve qui était aussi douloureuse et agonisante que la mort. Le résultat fut que des gens qui avaient reçu une grâce au travers de moi et de nombreux autres que j'avais très longuement considérés aussi proches que de la famille m'ont trahi.

Pour des gens mondains, je suis devenu un sujet d'incompréhension et une cible pour les blâmes alors que de nombreux membres de Manmin souffraient et ont été faussement persécutés. Malgré cela, les membres de Manmin et moi-même avons surmonté cette épreuve avec bonté et tandis que nous soumettions tout à Dieu, nous avons supplié le Dieu d'amour et de miséricorde de leur pardonner.

De plus, je n'ai ni haï, ni abandonné ceux qui étaient partis et ont rendu tant de choses difficiles pour l'église. Au milieu de cette douloureuse épreuve, j'ai fidèlement cru que mon Père Dieu m'aimait. C'est ainsi que j'ai pu faire face à ceux qui m'avaient fait du mal uniquement avec bonté et amour. Tout comme un étudiant reçoit la reconnaissance pour son dur labeur et le mérite dans son examen, un jour ma foi, ma bonté, mon amour et ma justice ont reçu la reconnaissance de Dieu, Il m'a béni d'agir et de manifester encore plus grandement Sa puissance.

Après l'épreuve, Il a ouvert la porte au travers de laquelle je devais accomplir la mission mondiale. Dieu a travaillé en sorte que des milliers, des centaines de milliers et même des millions de gens se réunissent lors des croisades d'outremer que j'ai conduites, et Il a été avec moi par Sa puissance qui transcende le temps et l'espace.

La lumière spirituelle par laquelle Dieu nous entoure est plus lumineuse et belle que celle de n'importe quel joyau dans ce monde. Dieu considère ceux de Ses enfants qu'Il entoure de la lumière spirituelle comme des vases plus beaux que des joyaux.

C'est pourquoi, que chacun d'entre vous accomplisse rapidement la sanctification et devienne un vase qui illumine la lumière spirituelle prouvée par les épreuves et est plus belle qu'un joyau, de sorte que vous receviez tout ce que vous demandez et meniez une vie bénie, dans le nom du Seigneur Jésus-Christ, je prie!

1 Jean 1:5

La nouvelle que nous avons apprise de lui,
et que nous vous annonçons,
c'est que Dieu est lumière,
et qu'il n'y a point en lui de ténèbres.

Il y a diverses sortes de lumières et dans chacune d'entre elles, il y a sa propre merveilleuse capacité. Par-dessus tout, cela illumine les ténèbres, procure de la chaleur et tue les bactéries nocives ou les champignons. Avec la lumière, les plantes peuvent subsister au travers de la photosynthèse.

Cependant, il y a la lumière physique que nous pouvons voir de nos yeux nus et toucher, et la lumière spirituelle que nous ne pouvons ni toucher ni voir. Juste comme la lumière physique a de nombreuses capacités, dans la lumière spirituelle, il y a un incommensurable nombre de capacités. Lorsque la lumière brille le soir, les ténèbres disparaissent immédiatement.De la même manière, lorsque la lumière spirituelle brille dans notre vie, les ténèbres spirituelles disparaîtront facilement tandis que nous marchons dans l'amour et la miséricorde de Dieu. Étant donné que les ténèbres spirituelles sont la racine des maladies et des problèmes à la maison, au travail et dans nos relations, nous ne pouvons pas trouver le vrai réconfort. Cependant, quand la lumière spirituelle brille sur nos vies, les problèmes qui sont au-delà des limites de la connaissance et des capacités humaines peuvent être résolus et tous nos désirs répondus.

La lumière spirituelle

Qu'est-ce que la lumière spirituelle et comment fonctionne-t-elle? Nous trouvons dans la seconde partie de 1 Jean 1:5 que *«Dieu est lumière et il n'y a en Lui aucunes ténèbres,»* et dans Jean 1:1, *«La parole était Dieu.»* En résumé, «la lumière» ne se réfère pas uniquement à Dieu Lui-même, mais aussi à Sa parole qui est la vérité, la bonté et l'amour. Avant la création de toutes choses, dans l'étendue de l'univers, Dieu existait seul et n'avait aucune forme. En tant qu'union entre la lumière et la parole, Dieu entretenait tout l'univers. La lumière merveilleuse, brillante et belle a entouré tout l'univers et de cette lumière est venue une voix élégante, claire et sonore.

Dieu qui existait en tant que lumière et son a dessiné la providence de la culture de l'humanité pour récolter de vrais enfants. Il s'est alors revêtu d'une forme, s'est séparé en la Trinité et à Sa propre image, il a créé l'humanité. Cependant, l'essence de Dieu est toujours la lumière et le son. Malgré qu'il ait pris la forme d'un être humain, dans cette forme, il y a le son et la lumière de sa puissance infinie.

En plus de la puissance de Dieu, il y a d'autres éléments de la vérité, y compris l'amour et la bonté dans cette lumière spirituelle. Les soixante six livres de la Bible sont une collection de vérités de la lumière spirituelle qui sont relatées en sons. En d'autres termes, «la lumière» se réfère à tous les commandements et les versets de la Bible qui concernent la bonté, la justice et l'amour, y compris «aimez-vous les uns les autres», «Priez sans cesse», «Gardez le Sabbat», «Obéissez aux dix commandements» et ainsi de suite.

Marcher dans la lumière pour rencontrer Dieu

Tandis que Dieu gouverne le monde, l'ennemi diable et Satan gouvernent le monde des ténèbres. De plus, étant donné que l'ennemi diable et Satan s'opposent à Dieu, les gens qui vivent dans le monde des ténèbres ne peuvent pas rencontrer Dieu. C'est pourquoi, pour rencontrer Dieu, voir une grande majorité de nos problèmes être résolus, et recevoir les réponses, vous devez rapidement sortir du monde des ténèbres et entrer dans le monde de la lumière.

Dans la Bible, nous trouvons de nombreux commandements «faites.» Ils comprennent, «Aimez-vous les uns les autres», «Servez-vous mutuellement», «Priez», «Soyez reconnaissants», et ainsi de suite. Il y a aussi les commandements «Gardez», qui comprennent «Gardez le Sabbat», «Gardez les dix commandements», «Gardez les commandements de Dieu» et ainsi de suite. Alors, il y a des commandements «ne faites pas», qui comprennent, «ne mentez pas», «ne haïssez pas»,

«Ne recherchez pas votre propre intérêt», «Ne soyez pas jaloux», «N'enviez pas», «N'adorez pas d'idoles», «Ne volez pas», «Ne calomniez pas» et ainsi de suite. Il y a aussi les commandements «Chassez» tels que, «Chassez tout espèce de mal», «chassez l'envie et la jalousie», «Chassez l'avidité» et ainsi de suite.

D'une part, obéir à ces commandements de Dieu signifie vivre dans la lumière, ressembler au Seigneur et ressembler à Dieu le Père. D'autre part, si vous n'agissez pas comme Dieu vous le demande, si vous ne gardez pas ce qu'Il vous dit de garder, si vous faites ce qu'il vous dit de ne pas faire, et si vous ne jetez pas ce qu'il vous dit de jeter, vous continuerez à demeurer dans les ténèbres. C'est pourquoi, vous souvenant que désobéir à la parole de Dieu signifie que nous sommes dans le monde des ténèbres gouverné par l'ennemi diable et Satan, nous devons toujours vivre selon Sa parole et marcher dans la lumière.

La communion avec Dieu quand nous marchons dans la lumière

Comme la première moitié de 1 Jean 1:7 nous dit, *«Si nous marchons dans la lumière, comme Il est Lui-même dans la lumière, alors nous sommes en communion avec lui,»* ce n'est que lorsque nous marchons et demeurons dans la lumière qu'on peut dire que nous avons une communion avec Dieu.

Tout comme il y a communion entre le père et ses enfants, nous devons aussi être en communion avec Dieu, le Père de nos esprits. Cependant, de manière à établir et maintenir une relation avec Lui, nous devons rencontrer une obligation: chasser le péché en marchant dans la lumière. C'est pourquoi, *«Si nous disons que nous sommes en communion avec lui, et que nous marchions dans les ténèbres, nous mentons, et nous ne pratiquons pas la vérité»* (1 Jean 1:6).

«La communion» n'est pas unidirectionnelle. Rien que parce que vous connaissez quelqu'un, cela ne veut pas dire que vous avez une communion avec cette personne. Uniquement lorsque les deux parties deviennent assez proches, pour se connaître, se faire confiance, dépendre de, et converser l'un avec l'autre, qu'on peut dire qu'il y a une «communion» entre les deux parties.

Par exemple, beaucoup d'entre vous connaissent le roi ou le président de votre pays. Peu importe la manière dont vous le connaissez – ou ce que vous connaissez à son sujet, s'il ne vous connaît pas, il n'y a pas de communion entre vous et le président. De plus, il y a plusieurs profondeurs à la communion. Les deux d'entre vous pourriez simplement être en relation, les deux peuvent être un peu plus proches, suffisamment pour demander de temps à autre comment vous allez; puis tous les deux, vous pouvez avoir une relation intime dans laquelle vous partagez même les plus profonds secrets.

C'est pareil dans la communion avec Dieu. De manière à ce que notre communion avec Lui soit une vraie communion, Dieu doit nous connaître et nous reconnaître. Si nous avons une profonde communion avec Dieu, nous ne serons ni malades ni faibles, et il ne peut rien y avoir pour lequel nous ne recevons pas de réponses. Dieu ne veut donner que le meilleur à Ses enfants , comme il nous dit dans Deutéronome 28 que lorsque nous obéissons entièrement à Dieu, et suivons avec soin tous ses commandements, nous serons bénis à notre départ et à notre arrivée, nous n'emprunterons pas mais prêterons et nous serons la tête et non point la queue.

Les pères de la foi qui avaient une vraie communion avec Dieu

Quel type de communion avait David que Dieu appelait, «*Un homme selon Mon cœur.*» (Actes 13:22)? David aimait, craignait et dépendait entièrement de Dieu en tout temps. Lorsqu'il fuyait devant Saül ou partait vers le combat, comme un enfant qui demandait une par une à ses parents ce qu'il devait faire, David demandait toujours, «Monterais-je? Où irais-je?» et il faisait ce que Dieu lui ordonnait. De plus Dieu a toujours donné à David des réponses gentilles et détaillées et comme David faisait ce que Dieu lui disait de faire, il pouvait obtenir victoire après victoire. (2 Samuel 5:19-25)

David a pu jouir d'une belle communion avec Dieu parce qu'avec sa foi, David a plu à Dieu. Par exemple, au début du règne de Saül, les Philistins ont envahi Israël. Les Philistins étaient conduits par Goliath qui se moquait des troupes d'Israël et qui blasphémait et défiait le nom de Dieu. Cependant, personne du camp d'Israël n'osait défier Goliath. En ce temps- là, malgré qu'il soit encore un jeune homme, David est allé défier Goliath sans armes et uniquement avec cinq pierres lisses prises dans le cours d'eau parce qu'il croyait dans le Dieu omnipotent d'Israël et que la victoire appartenait à Dieu (1 Samuel 17). Dieu a fait en sorte que la pierre de David frappe le front de Goliath. Après la mort de Goliath, le vent a tourné et Israël a obtenu une totale victoire.

Pour sa foi ferme, David a été appelé *«Un homme selon Mon cœur»* par Dieu et comme un père et son fils qui ont une relation intime parleraient après chaque affaire, David a pu réaliser toutes choses avec Dieu à ses côtés.

La Bible nous dit aussi que Dieu a parlé avec Moïse face à face. Par exemple, lorsque Moïse a demandé avec hardiesse à Dieu de montrer Sa face, Dieu était pressé de lui donner tout ce qu'il demandait (Exode 33:18). Comment Moïse a-t-il pu avoir une étroite et intime relation avec Dieu?

Peu après que Moïse ait conduit les Israélites hors d'Egypte, il a jeûné et communiqué avec Dieu pendant 40 jours sur le sommet du Mont Sinaï. Lorsque le retour de Moïse a été retardé, les Israélites ont créé une idole qu'ils ont adoré. Après avoir vu cela, Dieu dit à Moïse qu'Il voulait détruire les Israélites et qu'il ferait de Moïse une grande nation (Exode 32:10).

À cela, Moïse a plaidé avec Dieu: «*Reviens de l'ardeur de ta colère, et repens-toi du mal que tu veux faire à ton peuple*» (Exode 32:12b). Le lendemain, il a de nouveau demandé à Dieu, «*ce peuple a commis un grand péché. Ils se sont fait un dieu d'or. Pardonne maintenant leur péché! Sinon, efface-moi de ton livre que tu as écrit*» (Exode 32:31-32) Combien étonnantes et sincères sont ces prières d'amour!

De plus, nous trouvons dans Nombres 12:3, «*Or, Moïse était un homme fort patient, plus qu'aucun homme sur la face de la terre.*» Nombres 12:7 dit, «*Il n'en est pas ainsi de Mon serviteur Moïse, il est fidèle dans toute Ma maison.*» Avec son grand amour et son cœur doux, Moïse a pu être fidèle dans toute Sa maison et jouir d'une communion intime avec Dieu.

Bénédictions pour ceux qui marchent dans la lumière

Jésus, qui est venu dans ce monde en tant que lumière du monde, n'a enseigné que la vérité et l'évangile des cieux. Les gens du monde des ténèbres qui appartenaient à l'ennemi diable, ne pouvaient cependant pas comprendre la lumière, même lorsqu'elle était expliquée. Dans leur opposition, les gens du monde des ténèbres ne pouvaient pas accepter la lumière ni recevoir le salut, mais au contraire, ils sont allés sur le chemin de la destruction.

Les gens qui ont un bon cœur arrivent à voir leurs péchés, s'en repentent et atteignent le salut au travers de la lumière de vérité. En suivant les désirs du Saint-Esprit, ils donnent aussi naissance à l'esprit sur une base quotidienne et ils marchent dans la lumière. Leur manque de sagesse ou de capacité n'est plus un problème. Ils établiront une communion avec Dieu qui est lumière et recevront la voix et la direction du Saint-Esprit. Alors ils prospéreront et ils recevront la sagesse du ciel. Même s'ils ont des problèmes qui sont aussi tendus qu'une toile d'araignée, rien ne peut les empêcher de résoudre leurs problèmes et rien ne peut bloquer leur chemin, parce que le Saint-Esprit les instruira personnellement sur chaque pas du chemin.

Comme nous le presse 1 Corinthiens 3:18, «*Que nul ne s'abuse lui-même: si quelqu'un parmi vous pense être sage selon ce siècle, qu'il devienne fou, afin de devenir sage,»* nous devons réaliser que la sagesse du monde est folie devant Dieu.

De plus, comme Jacques 3:17 nous le dit, *«La sagesse d'en haut est premièrement pure, ensuite pacifique, modérée, conciliante, pleine de miséricorde et de bons fruits, exempte de duplicité, d'hypocrisie.»* Lorsque nous accomplissons la sanctification et entrons dans la lumière, la sagesse du ciel descendra sur nous. Lorsque nous marchons dans la lumière, nous allons aussi atteindre un niveau où nous serons heureux même si nous manquons, et nous ne ressentons pas comme si nous manquions de quelque chose même si en fait nous manquons.

L'apôtre Paul confesse dans Philippiens 4:11, *«Ce n'est pas en vue de mes besoins que je dis cela, car j'ai appris à être content de l'état où je me trouve.»* De la même manière, si nous marchons dans la lumière, nous accomplirons la paix de Dieu, de laquelle jailliront la joie et la paix et elles déborderont en nous. Les gens qui font la paix avec les autres ne se querelleront pas et ne seront pas hostiles envers leurs familles. Au contraire, étant donné que l'amour et la grâce abondent dans leurs cœurs, des confessions de reconnaissance ne cesseront pas sur leurs lèvres.

De plus, lorsque nous marchons dans la lumière et ressemblons à Dieu autant que nous en sommes capables, comme il nous le dit dans 3 Jean 1:2, *«Bien aimés, je prie que vous prospériez à tous égards et que vous soyez en bonne* santé comme prospère l'état de votre âme,» nous recevrons sûrement, pas seulement les bénédictions de la prospérité en tout, mais aussi l'autorité, la capacité et la puissance de Dieu qui est lumière.

Après que Paul ait rencontré le Seigneur et ait marché dans la lumière, Dieu lui a permis de manifester une étonnante puissance en tant qu'un apôtre pour les Gentils. Malgré qu'Etienne ou Philippe n'étaient pas des prophètes ni même des disciples de Jésus, Dieu a toujours grandement travaillé au travers d'eux. Dans Actes 6:8, nous trouvons aussi, *«Etienne plein de grâce et de puissance faisait des prodiges et de grands miracles parmi le peuple.»* Dans Actes 8:6-7, nous trouvons aussi, *«Les foules tout entières étaient attentives à ce que disait Philippe, lorsqu'elles apprirent et virent les miracles qu'il faisait. Car des esprits impurs sortirent de plusieurs démoniaques, en poussant de grands cris, et beaucoup de paralytiques et de boiteux furent guéris.»*

On peut manifester la puissance de Dieu dans la mesure où nous devenons sanctifiés en marchant dans la lumière et en ressemblant au Seigneur. Il y a seulement eu quelques personnes qui ont manifesté la puissance de Dieu. Cependant, parmi ceux qui pourraient manifester Sa puissance, la magnitude de la puissance manifestée diffère d'une personne à l'autre dans la mesure où la personne ressemble à Dieu qui est lumière.

Est-ce que je vis dans la lumière?

Pour recevoir les étonnantes bénédictions versées sur ceux qui marchent dans la lumière, chacun d'entre nous doit d'abord demander et s'examiner lui-même «Est-ce que je vis dans la lumière?»

Même si vous n'avez pas de problème spécifique, vous devez vous examiner vous-mêmes pour voir si vous avez mené une vie «tiède» en Christ, ou si vous n'avez pas été conduit par le Saint-Esprit. Si c'est le cas, vous devez vous réveiller de votre somnolence spirituelle.

Si vous avez chassé dans une certaine mesure et quantité de mal, vous ne devez pas être satisfait; comme un enfant grandit en adulte, vous devez aussi acquérir la foi des pères. Vous devez avoir une communion de grande profondeur avec Dieu de même qu'une relation intime avec Lui.

Si vous marchez vers la sanctification, vous devez détecter même les plus infimes restants de mal et les déraciner. Plus vous avez d'autorité et plus vous deviendrez la tête, vous devez d'abord servir les autres et rechercher l'intérêt des autres. Lorsque les autres, y compris ceux qui sont moins que vous, pointent vos erreurs, vous devez être capable de tenir compte de cela. Au lieu de sentir du ressentiment ou de l'inconfort et de refuser ceux qui se détournent des voies de l'homme et font le mal, en amour et bonté, vous devez être capables de tolérer et de les toucher. Vous ne pouvez pas abaisser les autres ou vous fâcher contre quelqu'un. Vous ne devez aussi jamais mépriser les autres dans votre propre justice ni détruire la paix.

J'ai montré et donné plus aux jeunes, aux pauvres et aux plus faibles. Comme des parents qui prennent d'avantage soin de leurs enfants faibles ou malades que des autres, j'ai prié plus ardemment pour des gens qui se trouvaient dans de telles situations, je ne les ai jamais négligés une seule fois et j'ai essayé de les servir du fond de mon cœur. Ceux qui marchent dans la lumière doivent avoir de la compassion même pour les gens qui ont commis beaucoup d'erreurs et être capables de leur pardonner et de couvrir leurs erreurs plutôt que de les exposer.

Même en accomplissant le travail de Dieu, vous ne devez jamais exposer vos propres mérites ou accomplissements, mais reconnaître les efforts des autres avec qui vous avez travaillé. Lorsque leurs efforts sont reconnus et félicités, vous devez être plus heureux et joyeux.

Pouvez-vous imaginer combien Dieu aimerait ceux de Ses enfants dont les cœurs ressemblent au cœur du Seigneur? De la manière dont il a marché avec Hénoc pendant 300 ans, Dieu marchera avec Ses enfants qui Lui ressemblent. De plus, il ne leur donnera pas uniquement les bénédictions de la santé et que toutes les affaires prospèrent, mais aussi Sa puissance par laquelle Il les utilisera en tant que vases précieux.

C'est pourquoi, même si vous croyez que vous avez la foi et l'amour, Dieu veut que vous vous examiniez de nouveau afin de savoir quel est le niveau de foi et d'amour qu'Il reconnaîtra en vous et marchiez dans la lumière de sorte que votre vie puisse déborder avec des preuves de Son amour et de Sa communion avec vous, dans le nom de notre Seigneur Jésus-Christ, je prie!

1 Jean 1:5

La nouvelle
que nous avons apprise de lui,
et que nous vous annonçons,
c'est que Dieu est lumière,
et qu'il n'y a point en lui de ténèbres.

Dans la Bible, il y a de nombreuses instances où des gens ont reçu le salut, des guérisons, et des réponses au travers de l'étonnante puissance de Dieu manifestée par Son Fils Jésus. Lorsque Jésus ordonnait, toutes espèces de maladies étaient immédiatement guéries et les infirmités étaient fortifiées et restaurées.

Les aveugles pouvaient voir, les muets commençaient à parler et les sourds à entendre. Un homme avec une main sèche a été guéri, les paralytiques commençaient à marcher de nouveau et recevaient leur guérison. De plus, des esprits impurs étaient chassés et les morts ressuscitaient.

Ces étonnantes œuvres de la puissance de Dieu n'étaient pas uniquement manifestées par Jésus, mais aussi par de nombreux prophètes de l'Ancien Testament. Bien sûr, les manifestations de la puissance de Dieu par Jésus ne pouvaient être similaires à celles manifestées par les prophètes et les apôtres. Cependant, aux gens qui ressemblaient à Jésus et à Dieu Lui-même, Il leur a donné la puissance et les a utilisés comme Ses vases. Dieu qui est lumière a manifesté Sa puissance au travers de diacres comme Etienne ou Philippe parce qu'ils ont atteint la sanctification en marchant dans la lumière et en ressemblant au Seigneur.

L'apôtre Paul a manifesté une grande puissance pour être même considéré comme «Dieu»

Parmi tous les personnages du Nouveau Testament, la manifestation de la puissance de Dieu par l'apôtre Paul est classée deuxième après Jésus. Il a prêché l'évangile aux Gentils qui ne connaissaient pas Dieu, des messages d'autorité qui étaient accompagnés de signes et de prodiges. Avec ce type de puissance, Paul a pu témoigner de Dieu, la vraie Déité et de Jésus-Christ.

Partant du fait que l'adoration des idoles et les incantations étaient courantes en ce temps-là, il devait y avoir certaines personnes parmi les Gentils qui trompaient les autres. Partager l'évangile à de telles personnes réclamait la manifestation de l'œuvre de la puissance de Dieu qui surpassait de loin la puissance de fausses incantations et de l'œuvre des esprits impurs (Romains 15:18-19).

À partir d'Actes 14:8, il y a une scène où l'apôtre Paul prêchait l'évangile dans une région appelée Lystre. Lorsque Paul a ordonné à un homme qui avait été paralysé toute sa vie *«Lève-toi droit sur tes pieds!»* l'homme s'est levé et a commencé à marcher (Actes 14:10). Lorsque les gens ont vu cela, ils ont confessé *«Les dieux sous une forme humaine sont descendus vers nous»* (Actes 14:11).

Dans Actes 28, il y a une scène où l'apôtre Paul est arrivé sur l'île de Malte après un naufrage. Alors qu'il rassemblait une gerbe de brindilles et la mettait dans le feu, une vipère chassée par la chaleur s'est attachée à son bras. Voyant cela, les insulaires s'attendaient à ce qu'il commence à gonfler ou qu'il tombe subitement mort, mais lorsque rien n'est arrivé à Paul, les gens ont dit qu'il était un dieu (v. 6).

Parce que l'apôtre Paul possédait un cœur qui était propre aux yeux de Dieu, il a pu manifester les œuvres de Sa puissance même au point qu'il était considéré comme un «dieu» par les gens.

La puissance de Dieu qui est lumière

La puissance n'est pas donnée parce quelqu'un la désire; elle est uniquement donnée à ceux qui ressemblent à Dieu et ont accompli la sanctification. Même de nos jours, Dieu cherche des gens à qui Il peut donner Sa puissance pour être utilisés comme des vases de gloire. C'est pourquoi Marc 16:20 nous rappelle que *«Et ils s'en allèrent prêcher partout. Le Seigneur travaillait avec eux, et confirmait la parole par les miracles qui l'accompagnaient.»* Jésus a aussi dit dans Jean 4:48, *«Si vous ne voyez des miracles et des prodiges, vous ne croyez point.»*

Conduire d'innombrables personnes vers le salut nécessite la puissance du ciel qui peut manifester les signes et les prodiges, qui à leur tour témoignent du Dieu vivant. Dans un siècle où le péché et le mal abondent particulièrement, les signes et les prodiges sont encore plus nécessaires.

Lorsque nous marchons dans la lumière et devenons un en esprit avec notre Père Dieu, nous pouvons manifester l'ampleur de la puissance que Jésus a manifestée. C'est parce que notre Seigneur a promis, *«En vérité, en vérité, je vous le dis, celui qui croit en moi fera aussi les oeuvres que je fais, et il en fera de plus grandes, parce que je m'en vais au Père;»* (Jean 14:12).

Si quelqu'un manifeste le type de puissance du monde spirituel, cela n'est possible que par Dieu, et alors il est reconnu venir de Dieu. Comme nous le rappelle le Psaume 62:12, *«Dieu a dit une chose, et il l'a répétée, et je l'ai entendue : la puissance est à Dieu»* (Version Bible du Semeur), l'ennemi diable et Satan ne peuvent pas manifester le type de puissance qui appartient à Dieu. Bien sûr, parce que ce sont des êtres spirituels, ils possèdent une puissance supérieure pour tromper les gens et les pousser à s'opposer à Dieu. Un facteur demeure cependant certain : aucun autre être humain ne peut imiter la puissance de Dieu, par laquelle il contrôle la vie, la mort, la bénédiction et la malédiction, et l'histoire de l'humanité et crée quelque chose au départ de rien. La puissance appartient au monde de Dieu qui est lumière et ne peut être manifestée que par ceux qui ont complètement accompli la sanctification et ont atteint la mesure de foi de Jésus-Christ.

Différence entre l'autorité,
la capacité et la puissance de Dieu

En désignant ou en se référant à la capacité de Dieu, de nombreuses personnes mélangent l'autorité avec la capacité, ou la capacité avec la puissance; il y a cependant une claire différence entre les trois.

«Capacité» est la puissance de la foi par laquelle quelque chose d'impossible à l'homme devient possible à Dieu. «Autorité» est la solennelle, digne et majestueuse puissance que Dieu a établie, et dans le monde spirituel l'état d'absence de péché est puissance. En d'autres termes, l'autorité est la sanctification même et ces enfants sanctifiés de Dieu qui ont en permanence chassé le mal et la contrevérité de leurs cœurs peuvent recevoir l'autorité spirituelle.

Qu'est-ce que alors la «puissance»? Elle se réfère à la capacité et à l'autorité de Dieu qui repose sur ceux qui ont évité toute espèce de mal et sont devenus sanctifiés.

Prenez ceci comme exemple. Si un chauffeur a la «capacité» de conduire un véhicule, alors l'agent de police qui dirige le trafic a «l'autorité» de stopper tout véhicule. Cette autorité – pour arrêter tout véhicule et le faire avancer – a été conférée à l'officier par le gouvernement. C'est pourquoi, même si le chauffeur a la «capacité» de conduire un véhicule, étant donné qu'il manque de «l'autorité» d'un officier de police, lorsque l'officier dit au conducteur de s'arrêter ou de repartir, le conducteur doit obéir.

De cette manière, autorité et capacité diffèrent l'une de l'autre, et lorsque l'autorité et la capacité sont réunies, nous l'appelons puissance. Dans Matthieu 10:1, nous trouvons que, *«Puis, ayant appelé ses douze disciples, Jésus leur donna le pouvoir de chasser les esprits impurs, et de guérir toute maladie et toute infirmité.»* La puissance contient l'autorité de chasser les esprits impurs et la «capacité» de guérir toutes maladies et infirmités.

Différence entre le don de guérison et la puissance

Ceux qui ne sont pas familiers avec la puissance de Dieu qui est lumière, la comparent souvent avec le don de guérisons. Le don de guérison dans 1 Corinthiens 12:9 se réfère à l'œuvre de brûler les maladies causées par des virus. Il ne peut pas guérir la surdité et le mutisme qui sont causés par la dégénérescence d'une partie du corps ou par des cellules nerveuses mortes. De telles sortes de maladies et d'infirmités ne peuvent être guéries que par la puissance de Dieu et au travers d'une prière de foi qui Lui plaît. De plus, tandis que la puissance de Dieu qui est lumière est manifestée en tout temps, le don de guérison ne fonctionne pas toujours.

D'une part, Dieu donne le don de guérison à ceux qui, peu

importe la niveau de leur sanctification, aiment et prient beaucoup pour les autres et leurs esprits et que Dieu considère comme étant des vases utiles et hardis. Cependant, si le don de guérison n'est pas utilisé pour Sa gloire mais d'une manière impropre et pour son propre intérêt, Dieu le retirera certainement.

D'autre part, la puissance de Dieu est donnée uniquement à ceux qui ont entièrement accompli la sanctification dans leur cœur; une fois qu'elle est donnée, elle ne faiblit pas ni se s'estompe parce que le porteur ne va jamais l'utiliser pour son propre profit. Au contraire, plus nous ressemblons au cœur du Seigneur, plus haut sera le niveau de la puissance de Dieu qui reposera sur nous. Si le cœur et le comportement d'un individu deviennent unis avec le Seigneur, il peut manifester toutes les œuvres de la puissance de Dieu que Jésus Lui-même a manifestées.

Il y a des différences dans la manière dans laquelle la puissance de Dieu est manifestée. Le don de guérison ne peut pas guérir des maladies rares ni graves et il est plus difficile à ceux qui ont une petite foi d'être guéri par le don de guérison. Cependant, par la puissance de Dieu qui est lumière, rien n'est impossible. Lorsque le patient montre même une petite preuve de sa foi, la guérison par la puissance de Dieu se produit immédiatement. Ici, «Foi» se réfère à la foi spirituelle par laquelle un croyant croit du fond de son cœur.

Quatre niveaux de la puissance
de Dieu qui est lumière

Au travers de Jésus-Christ qui est le même hier et aujourd'hui, toute personne qui est reconnue comme un vase utilisable aux yeux de Dieu manifestera Sa puissance.

Il y a de nombreux niveaux différents de la manifestation de la puissance de Dieu. Plus vous accomplissez la sanctification, plus grand sera le niveau de puissance dans lequel vous entrerez et que vous recevrez. Les gens dont les yeux spirituels sont ouverts peuvent voir différents niveaux d'illumination de lumières selon chaque niveau de la puissance de Dieu. Les êtres humains en tant que créatures peuvent manifester la puissance de Dieu jusqu'au quatrième niveau.

Le premier niveau de puissance est la manifestation de la puissance de Dieu par la lumière rouge, qui détruit au travers du feu du Saint-Esprit.

Le feu du Saint-Esprit qui provient du premier niveau de puissance qui est manifesté par la lumière rouge brûle et guérit les maladies, y compris les germes et les maladies infectées par

«J'ai versé des larmes nuit et jour.

J'étais même plus blessé
lorsque les gens me regardaient
comme 'l'enfant qui a le Sida'»

Le Seigneur m'a guéri
par Sa puissance
et a donné de la joie à ma famille

Je suis tellement heureux maintenant!

Esteban Juninka du Hondures, guéri du Sida

des virus, des maladies incluant le cancer, les maladies pulmonaires, le diabète, la leucémie, les maladies des reins, l'arthrite, les troubles cardiaques et le Sida peuvent être guéris. Cela ne signifie cependant pas que toutes les maladies citées peuvent être guéries au premier niveau de puissance. Ceux qui ont déjà été au-delà de la limite de la vie que Dieu a placée, tout comme dans le cas de cancer en phase terminale ou de maladie pulmonaire, le premier niveau de puissance ne sera pas suffisant.

La restauration de parties du corps qui ont été endommagées ou sont incapables de fonctionner normalement nécessitent une plus grande puissance qui non seulement guérira, mais va aussi reconstruire de nouvelles parties du corps. Même dans un tel cas, le niveau de foi que le patient montre aussi bien que le niveau de foi montré par sa famille par amour pour lui, vont déterminer le niveau auquel Dieu va manifester Sa puissance.

Depuis la fondation, il y a eu d'innombrables manifestations du premier niveau de puissance à l'Eglise Centrale Manmin. Lorsque les gens ont obéi à la parole de Dieu et recevaient la prière, des maladies de toutes conditions et sévérités ont été purifiées. Lorsque les gens me serraient la main ou touchaient le bout de mes vêtements, recevaient la prière au travers des mouchoirs sur lesquels j'avais prié et les messages pré-enregistrés sur le répondeur téléphonique, ou lorsque j'ai prié sur les photos des patients, nous avons témoigné régulièrement de la guérison

«J'ai vu la lumière...

Je suis finalement sortie
du tunnel long de quatorze années...

J'avais renoncé à moi-même,
mais j'étais née de nouveau
par la puissance du Seigneur!»

Shama Masaz du Pakistan, libérée d'une possession démoniaque de 14 ans

de Dieu.

Le travail au premier niveau de puissance n'est pas limité à la destruction par le feu du Saint-Esprit. Même quand on prie avec foi un moment, quand quelqu'un est inspiré, affecté et rempli par le Saint-Esprit, chaque personne peut manifester même une plus grande œuvre de la puissance de Dieu. Ceci est cependant une apparition temporaire et non une preuve de puissance de Dieu donnée en permanence, mais qui s'accomplit seulement quand cela est convenable à Sa volonté.

Le second niveau de puissance est la manifestation de la puissance de Dieu par la lumière bleue.

Malachie 4:2 nous dit, «*Mais pour vous qui craignez mon nom, le Fils de la justice se lèvera avec la guérison sous ses ailes; et vous irez de l'avant, et sauterez comme des veaux dans l'étable.*» Les gens dont les yeux spirituels sont ouverts peuvent voir des rayons de lumière semblables au laser qui émanent des rayons de guérison.

Le second niveau de puissance chasse les ténèbres et libère les gens qui sont possédés par des démons, contrôlés par Satan ou dominés par toutes espèces d'esprits impurs. Une série de maladies mentales apportées par les forces des ténèbres y compris l'autisme, la dépression nerveuse et d'autres sont guéries par la puissance du second niveau.

Ce type de maladies peuvent être empêchées si nous «nous réjouissons toujours» et « rendons grâces en toutes choses.» Au lieu de toujours être joyeux et d'être reconnaissants en toutes circonstances, si vous arrivez à haïr les autres, à porter des sentiments de malaise, à penser négativement et à vous mettre facilement en colère, alors, vous serez plus vulnérables à de telles maladies. Lorsque les forces de Satan qui poussent les humains à avoir des pensées et un cœur mauvais sont chassées, toutes ces maladies mentales seront naturellement guéries.

De temps à autre, par le second niveau de la puissance de Dieu, des maladies physiques et des infirmités sont guéries, de telles maladies et infirmités apportées par les œuvres des démons et du diable sont guéries par la lumière du second niveau de la puissance de Dieu. Ici «infirmités» se réfère à la dégénérescence et la paralysie de parties du corps comme dans le cas de ceux qui sont muets, sourds, paralysés, aveugles, paralytiques de naissance et ainsi de suite.

À partir de Marc 9:14 il y a une scène où Jésus a chassé un «esprit sourd et muet» d'un garçon (v. 25). Ce garçon était devenu sourd et muet à cause d'un esprit impur en lui. Lorsque Jésus a chassé l'esprit, le garçon était immédiatement guéri.

De la même manière, quand la cause d'une maladie est la puissance des ténèbres, y compris les démons, les esprits impurs doivent être chassés de sorte que le patient soit guéri. Si quelqu'un soufre de problèmes dans son système digestif, par suite d'une dépression nerveuse, la cause doit être déracinée en chassant la puissance de Satan. Dans de telles maladies et paralysies et arthrites, l'œuvre de la force et le reste des ténèbres peuvent aussi être trouvés. Parfois, malgré que le diagnostic médical n'ait rien révélé de physiquement mauvais, les gens souffrent de douleurs ici et là dans leurs corps. Quand je prie pour quelqu'un qui souffre de cette manière, les autres dont les yeux spirituels sont ouverts voient souvent les puissances des ténèbres qui quittent le corps du patient avec des formes d'animaux abominables.

En plus des forces des ténèbres trouvées dans les maladies et les infirmités, le second niveau de la puissance de Dieu, qui est lumière, peut aussi chasser les puissances des ténèbres trouvées à la maison, dans les affaires ou au travail. Lorsqu'une personne qui peut manifester le second niveau de puissance de Dieu visite ceux qui souffrent de persécution à la maison ou des difficultés dans les affaires ou le travail, tandis que les ténèbres sont chassées et que la lumière vient sur eux, des bénédictions descendent sur eux selon leurs œuvres.

Ressusciter les morts ou terminer la vie de quelqu'un selon la volonté de Dieu est aussi l'œuvre du second niveau de la puissance de Dieu. Les instances suivantes tombent dans cette catégorie: la résurrection d'Eutychus par Paul (Actes 20:9-12); la tromperie d'Ananias et de Saphira envers l'apôtre Pierre et la malédiction qui a suivi et amené leur mort (Actes 5:1-11); et la

«Oh Dieu!
Comment est-ce possible?
Comment est-ce possible que je marche?»

Une vielle dame du Kenya a marché
uniquement par la prière à partir du podium

malédiction des enfants par Elisée qui a aussi entraîné leur mort
(2 Rois 2:23-24).

Il y a cependant des différences fondamentales dans l'œuvre
de Jésus et celles des apôtres Paul ou Pierre et du prophète Elisée.
Finalement, Dieu en tant que Seigneur de tous les esprits devait
permettre que quelqu'un vive ou soit enlevé. Cependant, étant
donné que Jésus et Dieu sont les mêmes, ce que Jésus voulait
était ce que Dieu voulait. C'est pourquoi Jésus pouvait
ressusciter les morts rien qu'en leur ordonnant par Sa parole
(Jean 11:43-44), alors que d'autres prophètes et apôtres devaient
demander la volonté de Dieu et son accord pour ressusciter
quelqu'un.

**Le troisième niveau de puissance est la manifestation
de la puissance de Dieu par la couleur blanche ou
incolore, et elle est accompagnée de tous types de
signes et de l'œuvre de la création.**

Au troisième niveau de la puissance de Dieu qui est lumière,
tous types de signes aussi bien que l'oeuvre de la création sont
manifestés. Ici «signes» se réfère aux guérisons au travers
desquelles les aveugles peuvent voir, les muets parler, et les sourds
entendre. Les paralytiques se lèvent et marchent, des jambes trop
courtes sont rallongées et la paralysie infantile ou la paralysie
cérébrale sont complètement guéries. Des parties du corps

«Je ne voulais même pas regarder mon corps
qui était complètement bouilli...

Lorsque j'étais seule,

Il est venu vers moi
a tendu Sa main
et m'a mis à Son côté...

Par Son amour et consécration
J'ai reçu une nouvelle vie...

Y a-t-il quelque chose
Que je ne pourrais faire pour le Seigneur?»

Grande Diaconesse Eundeuk Kim
guérie d'une brûlure du troisième degré
de la tête aux pieds

complètement déformées ou dégénérées depuis la naissance sont restaurées. Des os brisés sont reliés, des os manquants sont créés, de courtes langues grandissent et des tendons sont reconnectés. De plus, étant donné que les lumières des premier, deuxième et troisième niveaux de la puissance de Dieu sont manifestées simultanément si nécessaire au troisième niveau, aucune maladie ni infirmité ne peut poser de problèmes.

Même si quelqu'un est brûlé de la tête aux pieds et que ses cellules et muscles sont brûlés, ou même si la chair est cuite par de l'eau bouillante, Dieu peut tout recréer de nouveau. Comme Dieu peut créer quelque chose au départ de rien, il peut fixer non seulement des objets inanimés tels que des machines, mais aussi les parties du corps humain qui ne sont pas bonnes.

À l'Eglise Centrale Manmin, au travers des prières avec les mouchoirs ou des prières enregistrées sur les messages des répondeurs téléphoniques, des organes internes qui n'avaient pas fonctionné normalement ou qui avaient été gravement endommagés ont été restaurés. Comme des poumons brutalement endommagés sont guéris tandis que des reins et des foies qui avaient besoin de transplantations sont devenus normaux, au troisième niveau de la puissance de Dieu, les œuvres de la puissance de la création sont sans cesse manifestées.

Il y a un facteur qui doit être clairement différencié. D'une part si la fonction d'une partie du corps qui a été faible est restaurée, c'est le travail du premier niveau de la puissance de

Dieu. D'autre part, si la fonction d'une partie du corps qui n'avait aucune chance de restauration est ressuscitée ou recréée, cela est l'œuvre du troisième niveau de la puissance de Dieu, la puissance de la création.

Le quatrième niveau de puissance est la manifestation de la puissance de Dieu par la lumière dorée et c'est l'accomplissement de la puissance.

Comme nous pouvons le dire par l'œuvre de puissance manifestée par Jésus, le quatrième niveau de puissance gouverne toutes choses, dirige le temps et ordonne même à certains objets inanimés d'obéir. Dans Matthieu 21:19, lorsque Jésus a maudit un figuier, nous trouvons que «en un instant le figuier sécha.» A partir de Matthieu 8:23, il y a la scène dans laquelle Jésus a réprimandé le vent et les vagues et tout était complètement calme. Même la nature et des objets inanimés tels que les vents et la mer sont devenus obéissants alors que Jésus leur commandait.

Jésus a une fois dit à Pierre d'aller dans les eaux profondes et d'y jeter son filet pour prendre du poisson, et lorsque Pierre a obéi, il a pris une telle quantité de poissons que les filets commençaient à se rompre (Luc 5:4-6). Une autre fois, Jésus a dit à Pierre, «*Mais, pour ne pas les scandaliser, va à la mer, jette l'hameçon, et tire le premier poisson qui viendra; ouvre-lui la bouche, et tu trouveras un statère. Prends-le, et donne-*

le-leur pour moi et pour toi» (Matthieu 17:24-27).

Comme Dieu a créé toutes choses dans l'univers par Sa parole, lorsque Jésus a ordonné à l'univers, il Lui a obéi et est devenu réalité. De la même manière, dès que nous possédons la vraie foi, nous serons sûrs de ce pourquoi, nous espérons et certains de ce que nous ne voyons pas (Hébreux 11:1), et l'œuvre de puissance qui crée toutes choses au départ de rien sera manifestée.

De plus, au quatrième niveau de la puissance de Dieu, le travail se fait en transcendant le temps et l'espace.

Parmi les manifestations de la puissance de Dieu, quelques-unes d'entre elles ont transcendé le temps et l'espace. À partir de Marc 7:24, il y a une scène dans laquelle une femme a demandé à Jésus de guérir sa fille possédée par un démon. En voyant l'humilité de la femme et sa foi, Jésus lui dit, *«à cause de cette parole, va, le démon est sorti de ta fille»* (v.29). Lorsque la femme est retournée à la maison, elle a trouvé sa fille couchée sur le lit et le démon était parti.

Malgré que Jésus n'ait pas visité chaque malade personnellement, lorsqu'il voyait la foi des malades et ordonnait, les guérisons qui transcendent le temps et l'espace se produisaient.

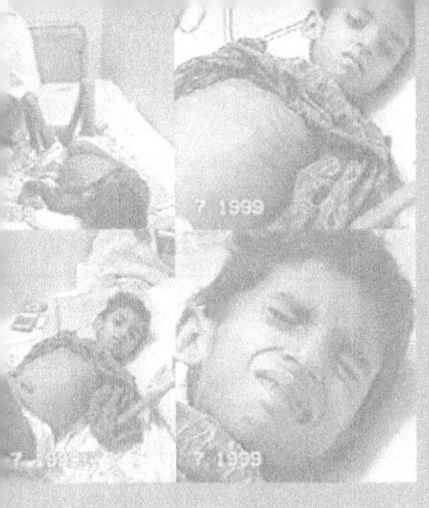

7 1999

7 1999

«C'est tellement douloureux...
C'est tellement douloureux
que je ne puis ouvrir les yeux...

Personne ne savait ce que je
ressentais,
mais le Seigneur savait tout
et Il m'a guérie.»

Cynthia du Pakistan
guérie de la maladie coeliaque et d'occlusion intestinale

Jésus qui marchait sur l'eau, qui est l'œuvre de puissance que Lui seul avait manifestée, témoigne aussi du fait que tout dans l'univers se trouve sous l'autorité de Jésus.

De plus, Jésus nous dit dans Jean 14:12, *«En vérité, en vérité, je vous le dis, celui qui croit en moi fera aussi les oeuvres que je fais, et il en fera de plus grandes, parce que je m'en vais au Père.»* Comme il nous l'a assuré, des oeuvres réellement étonnantes de la puissance de Dieu sont manifestées aujourd'hui à l'Eglise Centrale Manmin.

Par exemple, divers miracles dans lesquels le temps est changé ont eu lieu. Lorsque je prie, une pluie battante s'arrête sur le champ; un nuage très noir se dissipe et un ciel bleu est rempli de nuages en un instant. Il y a aussi eu d'innombrables occasions où des objets inanimés ont obéi à ma prière. Même dans le cas d'un empoisonnement mortel au monoxyde de carbone, une minute ou deux après mon ordre, la personne qui avait été inconsciente a récupéré et elle ne souffrait d'aucun effet secondaire. Lorsque j'ai prié pour une personne qui souffrait d'une brûlure au troisième degré, «Sensation de brûlure, pars,» la personne n'a plus rien senti de douloureux.

En plus, l'œuvre de la puissance de Dieu qui transcende le temps et l'espace a lieu encore plus grandement et puissamment. Le cas de Cynthia, fille du Révérend Wilson John Gil, pasteur principal de l'église Manmin du Pakistan est particulièrement remarquable. Lorsque j'ai prié pour Cynthia sur sa photo à

Séoul, Corée, une fille pour laquelle les médecins avaient abandonné tout espoir, a récupéré rapidement dès le moment où j'ai prié pour elle à des milliers de miles.

Au quatrième niveau de la puissance de Dieu, la puissance pour guérir les maladies, chasser les forces des ténèbres, montrer des signes et des prodiges et ordonner à toutes choses d'obéir – les œuvres combinées des premier, deuxième, troisième et quatrième niveaux de puissance – sont manifestées.

La plus haute puissance de la Création

La Bible relate les manifestations de puissance de Jésus qui sont au-delà du quatrième niveau de puissance. Ce niveau de puissance, la Plus Haute Puissance appartient au Créateur. Cette puissance n'est pas manifestée au même niveau auquel les êtres humains peuvent manifester Sa puissance. Au contraire, elle provient de la lumière originelle lorsque Dieu existait seul.

Dans Jean 11, Jésus a ordonné à Lazare qui avait été mort pendant quatre jours et dont le corps rendait déjà une terrible odeur, «Lazare, sors!» A son ordre, l'homme mort est sorti, ses mains et ses pieds liés dans de bandes de lin et le visage enveloppé d'un linge (v. 43-44).

Après que quelqu'un ait enlevé toute forme de mal, devient sanctifié, arrive à ressembler au cœur de son Père Dieu et est changé en parfaite sanctification, il entrera dans le monde spirituel. Plus il assemblera de connaissance du monde spirituel, plus élevée sera sa manifestation de la puissance de Dieu au-delà du quatrième niveau.

À ce moment, il atteint le niveau de puissance qui ne peut être manifesté que par la Déité, et qui est la Plus Haute Puissance de la Création. Lorsqu'un homme accomplit entièrement cela, comme du temps où Dieu a tout créé dans l'univers par Sa parole, il va aussi manifester les miraculeuses œuvres de la création.

Par exemple, lorsqu'il ordonne à une personne aveugle, « Ouvre tes yeux, » les yeux de l'aveugle s'ouvriront immédiatement. Lorsqu'il ordonne à une personne muette, « Parle ! » le muet commencera à parler sur le champ. Lorsqu'il ordonne à un paralytique, « Lève-toi, » le paralytique marchera et courra. Lorsqu'il ordonne à des cicatrices et à des parties du corps qui étaient pourries, elles seront renouvelées.

Ceci est accompli par la lumière et la voix de Dieu, qui a existé en tant que voix et lumière avant le commencement des temps. Lorsque la puissance illimitée de la création dans la lumière est apportée par la voix, la lumière descend et l'œuvre est manifestée. Ceci est le chemin de guérison pour les gens qui sont allés au-delà de la limite de la vie que Dieu a établie ou dont les maladies ou infirmités ne peuvent être guéries par les premier, deuxième, troisième ou quatrième niveaux de puissance.

Recevoir la puissance de Dieu qui est lumière

Comment pouvons-nous ressembler au cœur de Dieu qui est lumière, recevoir Sa puissance, et conduire d'innombrables âmes sur le chemin du salut?

Premièrement, nous ne devons pas seulement éviter toute espèce de mal et accomplir la sanctification, mais aussi accomplir la bonté du cœur et aspirer à la plus grande bonté.

Si vous ne montrez aucuns signes de sentiments de malaise ou d'inconfort envers une personne qui a rendu votre vie extrêmement difficile ou vous a blessé, pouvez-vous dire avoir accompli la bonté du cœur? Non, ce n'est pas le cas. Même s'il n'y a aucun tremblement de votre cœur ni aucun sens d'inconfort, et que vous attendez et endurez, aux yeux de Dieu, ceci n'est que le premier niveau de bonté.

À un plus haut niveau de bonté, on va parler et se comporter de manière à remuer les gens qui vous rendent la vie impossible ou vous blessent. Au niveau le plus élevé qui plaît à Dieu, on doit être capable de donner sa propre vie pour le bien de nos ennemis.

Jésus a pu pardonner aux gens qui le crucifiaient et pour ces gens-là, il a librement donné Sa vie parce qu'Il possédait la bonté la plus élevée. À la fois Moïse et l'apôtre Paul étaient prêts à donner leurs vies pour les gens qui essayaient aussi de les tuer.

Lorsque Dieu était sur le point de détruire le peuple d'Israël, qui s'opposait, adorait des idoles, se plaignait et murmurait contre Lui malgré qu'ils aient expérimenté les grands signes et prodiges, comment Moïse a-t-il répondu? Il a ardemment plaidé avec Dieu: *«Pardonne maintenant leur péché! Sinon, efface-moi de ton livre que tu as écrit.»* L'apôtre Paul était pareil. Comme il l'a confessé dans Romains 9:3, *« Car je voudrais moi-même être anathème et séparé de Christ pour mes frères, mes parents selon la chair,»* Paul avait accompli la bonté la plus élevée et c'est pourquoi les grandes œuvres de la puissance de Dieu l'accompagnaient toujours.

Ensuite, nous devons accomplir l'amour spirituel.

L'amour a considérablement faibli de nos jours. Malgré que de nombreuses personnes se disent l'une à l'autre «Je t'aime», tandis que le temps passe, nous voyons que la plupart de cet «amour» est un amour charnel qui change. L'amour de Dieu est un amour spirituel qui se manifeste jour après jour, et est expliqué en détails dans 1 Corinthiens 13.

Premièrement, *«L'amour est patient, il est plein de bonté et il n'est point envieux.»* Notre Seigneur a pardonné tous nos péchés et erreurs, et il a ouvert le chemin du salut en attendant patiemment même ceux qui étaient impardonnables. Malgré que nous confessions notre amour pour le Seigneur, sommes-nous prompts à exposer les péchés de nos frères et sœurs? Sommes-nous rapides à juger et à condamner les autres quand quelque chose ou quelqu'un n'est pas à notre goût? Avons-nous été envieux de quelqu'un dont la vie prospère ou nous sommes nous sentis déçus?

Ensuite l'amour, *«ne se vante point et ne s'enfle point d'orgueil».* Malgré que nous semblions extérieurement en train de glorifier le Seigneur, si nous avons un cœur qui veut être reconnu par les autres, voulons nous exposer, et que nous regardons de haut les autres ou les enseignons à cause de notre position d'autorité, ce serait se vanter et être orgueilleux.

De plus, l'amour *«ne fait rien de malhonnête, ne recherche pas son intérêt, il ne s'irrite point, ne soupçonne point le mal»* (v. 5). Notre comportement rude envers Dieu et le peuple, nos cœurs et nos pensées inconstants qui changent facilement, nos efforts pour être plus grands au détriment des autres, nos sentiments de malaise qui se lèvent facilement, notre tendance à penser négativement et mal des autres et ainsi de suite, ne constituent pas l'amour.

En plus, l'amour *«ne se réjouit point de l'injustice, mais se réjouit de la vérité»* (v. 6). Si nous avons l'amour, nous devons toujours marcher et nous réjouir dans la justice. Comme nous le dit 3 Jean 1:4, *«je n'ai pas de plus grande joie que d'apprendre que mes enfants marchent dans la vérité,»* la vérité doit être la source de notre réjouissance et de notre bonheur.

Enfin, l'amour *«excuse tout, croit tout, espère tout et supporte tout»* (v. 7). Ceux qui aiment vraiment Dieu en arrivent à connaître la volonté de Dieu, et arrivent donc à croire tout. Tandis que les gens attendent et croient sincèrement dans le retour du Seigneur, la résurrection des saints, les récompenses célestes et ainsi de suite, ils espèrent dans des choses d'en haut, endurent toutes les difficultés et luttent pour accomplir Sa volonté.

Pour montrer des preuves de Son amour pour ceux qui obéissent à la vérité telles que l'amour, la bonté et d'autres relatées dans la Bible, le Dieu qui est lumière leur donne Sa puissance en tant que don. Il est aussi prêt à rencontrer et à répondre à tous ceux qui luttent pour marcher dans la lumière.

C'est pourquoi, en vous examinant vous-mêmes et en soumettant nos cœurs, puissiez-vous désirer recevoir les bénédictions et les réponses de Dieu, devenir des vases préparés devant Lui et expérimenter la puissance de Dieu, dans le nom de notre Seigneur Jésus-Christ, je prie!

Les Yeux des Aveugles S'ouvriront

- Jésus guérit un homme aveugle de naissance
- L'œuvre d'ouvrir les yeux des aveugles à l'Eglise Centrale Manmin

Jean 9:32-33

Jamais
on n'a entendu dire
que quelqu'un ait ouvert les yeux
d'un aveugle-né.
Si cet homme ne venait pas de Dieu,
il ne pourrait rien faire.

Dans Actes 2:22, Pierre, le disciple de Jésus après qu'il ait reçu le Saint-Esprit, a parlé aux juifs en citant les paroles du prophète Joël, «*Hommes Israélites, écoutez ces paroles! Jésus de Nazareth, cet homme à qui Dieu a rendu témoignage devant vous par les miracles, les prodiges et les signes qu'il a opérés par lui au milieu de vous, comme vous le savez vous-mêmes.*» Les grandes manifestations de puissance de «Jésus», les signes et les prodiges étaient les preuves qui témoignaient que ce Jésus que les juifs avaient crucifié était de fait le Messie dont la venue avait été prophétisée dans l'Ancien Testament.

De plus, Pierre lui-même est arrivé à manifester la puissance de Dieu après qu'il ait reçu et ait été revêtu du Saint-Esprit. Il a guéri un mendiant paralytique (Actes 3:8) et les gens amenaient même les malades dans les rues et les couchaient sur des lits et des matelas de sorte que même l'ombre de Pierre puisse en recouvrir quelques uns tandis qu'il passait (Actes 5:15).

Étant donner que la puissance est un fait qui témoigne de la présence de Dieu avec celui qui manifeste sa puissance et le plus sûr moyen de planter une semence de foi dans le cœur des incroyants. Dieu a donné la puissance à ceux qu'il considérait comme adéquats.

Jésus guérit un homme aveugle de naissance

L'histoire de Jean 9 commence alors que Jésus croise un homme qui était né aveugle. Les disciples de Jésus voulaient savoir pourquoi cet homme était aveugle de naissance. *«Rabbi, qui a péché, cet homme ou ses parents pour qu'il soit né aveugle?»* (v. 2). En réponse, Jésus leur a expliqué que cet homme était né aveugle afin que les oeuvres de Dieu puissent être manifestées dans sa vie (v. 3). Alors, il cracha à terre, fit un peu de boue avec sa salive, la mit sur les yeux de l'aveugle et ordonna à l'homme aveugle, *«Va te laver au réservoir de Siloé»* (v. 6-7). Lorsque l'homme obéit immédiatement et se lava dans le réservoir de Siloé, ses yeux se sont ouverts.

Malgré qu'il y ait de nombreuses autres personnes que Jésus a guéries dans la Bible, une différence met cet homme aveugle de naissance à part de tous les autres. L'homme n'a pas supplié Jésus de le guérir; au contraire, Jésus est allé vers l'homme et l'a complètement guéri.

Pourquoi alors, cet homme aveugle de naissance a-t-il reçu une si grande grâce?

Premièrement, l'homme était obéissant

Pour une personne ordinaire, rien de ce que Jésus a fait – son crachat sur le sol, la confection de la boue, mettre la boue sur les yeux de l'aveugle et lui dire d'aller se laver au réservoir de Siloé – n'a de sens. Le bon sens ne permettait pas à un tel individu de croire que les yeux d'une personne née aveugle peuvent être ouverts en y mettant un peu de boue et en les lavant dans l'eau. De plus, si cette personne avait entendu cet ordre sans savoir qui était Jésus, lui et d'autres non seulement ne croiraient pas, mais au contraire se mettraient en colère. Mais ce n'était pas le cas avec cet homme. Comme Jésus l'avait ordonné, l'homme a obéi et il a lavé ses yeux dans le réservoir de Siloé. Finalement et étonnamment, ses yeux qui avaient été fermés depuis le moment de sa naissance étaient maintenant ouverts pour la première fois et l'homme commença à voir.

Si vous pensez que la parole de Dieu n'est pas en accord avec le bon sens ou l'expérience des hommes, essayez d'obéir à Sa parole avec un cœur humble comme cet homme aveugle de naissance. Alors, la grâce de Dieu viendra sur vous et, comme les yeux de cet aveugle se sont ouverts, vous aurez aussi des expériences miraculeuses.

Deuxièmement, les yeux spirituels de cet homme qui pouvaient naturellement distinguer la vérité et la contrevérité, étaient ouverts.

De sa conversation avec les juifs après sa guérison, nous pouvons dire qu'alors que les yeux de cet homme aveugles étaient physiquement fermés, dans la bonté du cœur, il pouvait discerner le vrai du faux. Au contraire, les juifs étaient ceux qui étaient spirituellement aveugles, liés par les liens rigides de la loi. Lorsque les juifs ont demandé des détails concernant sa guérison, l'homme qui avait été aveugle a proclamé avec assurance, *«L'homme qu'on appelle Jésus a fait de la boue, a oint mes yeux, et m'a dit: Va au réservoir de Siloé, et lave-toi. J'y suis allé, je me suis lavé, et j'ai pu voir»* (v.11).

Sans foi, lorsque les juifs examinèrent l'homme qui avait été aveugle, *«Toi, que dis-tu de lui, sur ce qu'il t'a ouvert les yeux? Il répondit: C'est un prophète.»* L'homme pensait que si Jésus a été assez puissant pour ouvrir les yeux d'un aveugle, Il devait être un homme de Dieu. Ironiquement, les juifs ont réprimandé cet homme, *«Donne gloire à Dieu; nous savons que cet homme est un pécheur»* (v. 24).

Combien leur demande est-elle illogique? Dieu ne répond pas à la prière d'un pécheur. Il ne donne pas non plus la puissance pour ouvrir les yeux d'un homme aveugle à un pécheur et recevoir la gloire. Malgré que les juifs ne pouvaient ni croire ni comprendre cela, l'homme qui avait été aveugle a continué avec assurance, à faire des confessions véridiques: *«Nous savons que Dieu n'exauce point les pécheurs; mais, si quelqu'un l'honore et fait sa volonté, c'est celui là qu'il exauce. Jamais on n'a entendu dire que quelqu'un ait ouvert les yeux d'un aveugle-né. Si cet homme ne venait pas de Dieu, il ne pourrait rien faire»* (v.31-33).

Étant donné que nul œil aveugle n'avait été ouvert depuis le temps de la création, quiconque a entendu les nouvelles de cet homme devrait se réjouir et célébrer avec lui. Au contraire, parmi les juifs s'est développé une atmosphère de jugement, de condamnation et d'hostilité. Étant donné que les juifs étaient trop spirituellement ignorants, ils croyaient que l'œuvre de Dieu elle-même était un acte d'opposition à Lui. La Bible nous dit cependant que seul Dieu peut ouvrir les yeux des aveugles.

Le Psaume 146:8 nous rappelle que, *«L'Éternel ouvre les yeux des aveugles; L'Éternel redresse ceux qui sont courbés; L'Éternel aime les justes,»* tandis qu'Esaïe 29:18 nous dit, *«En ce jour-là, les sourds entendront les paroles du livre; Et, délivrés de l'obscurité et des ténèbres, Les yeux des aveugles verront.»* Esaïe 35:5 nous dit, *«Alors s'ouvriront les yeux des aveugles, S'ouvriront les oreilles des sourds.»* Ici, «en ce jour-là» et «alors» se réfèrent au temps où Jésus est venu et a ouvert les yeux des aveugles.

Malgré ces passages et ces rappels, dans leurs liens rigides et leur méchanceté, les juifs ne pouvaient pas croire dans les œuvres de Dieu manifestées au travers de Jésus et au contraire, ils déclaraient que Jésus était un pécheur qui désobéissait à la parole de Dieu. Malgré que l'homme qui avait été aveugle ne possédait pas un grand niveau de connaissances de la loi, dans sa bonne conscience il connaissait la vérité: que Dieu n'écoute pas les pécheurs. L'homme savait aussi que la guérison des yeux aveugles n'était possible que par Dieu.

Troisièmement, après avoir reçu la grâce de Dieu, l'homme qui avait été aveugle est venu devant le Seigneur et s'est résolu à mener une vie entièrement nouvelle.

Jusqu'à ce jour, j'ai expérimenté d'innombrables cas dans lesquels des gens au seuil de la mort ont reçu la force et les réponses à toutes sortes de problèmes de la vie à l'Eglise Centrale Manmin. Je me lamente néanmoins pour les gens dont les cœurs changent même après qu'ils aient reçu la grâce de Dieu et d'autres qui abandonnent leur foi et retournent dans les voies du monde. Lorsque leurs vies sont dans la douleur et l'agonie, ces personnes viennent pour prier avec des larmes, «Je ne vivrai plus que pour le Seigneur dès que je serai guéri.» Lorsqu'ils reçoivent la guérison et les bénédictions dans la poursuite de leurs propres intérêts ces gens abandonnent la grâce et s'éloignent de la vérité. Malgré que leurs problèmes physiques aient été résolus, cela est inutile parce que leurs esprits se sont éloignés du chemin du salut et ils sont sur le chemin de l'enfer.

Cet homme qui était né aveugle avait un bon cœur qui n'abandonnerait pas la grâce. C'est pourquoi, quand il a rencontré Jésus, il n'a pas seulement été guéri de sa cécité, mais

«Maman,
c'est tellement brillant...

Pour la première fois,
Je vois la lumière...

Je ne pensais jamais
que cela pourrait m'arriver...»

Jennifer Rodriguez des Philippines,
qui était aveugle de naissance
a pu voir pour la première fois après 8 ans

était aussi assuré de la bénédiction du salut. Lorsque Jésus lui a demandé, *«Crois-tu dans le Fils de l'homme?»*, l'homme a répondu, *«Qui est-il, Seigneur, afin que je croie en Lui?»* (v. 35-36). Lorsque Jésus a répondu, *«Tu l'as vu, lui dit Jésus, et celui qui te parle, c'est lui,»* l'homme a confessé, *«Je crois Seigneur»* (v. 37-38). L'homme ne se contentait pas seulement de «croire», il reçut Jésus comme le Christ. C'était la ferme confession de l'homme dans laquelle il prenait la résolution de ne suivre que le Seigneur et de ne vivre que pour le Seigneur.

Dieu veut que nous venions tous devant Lui avec une pareille attitude et ce type de cœur. Il veut que nous le cherchions pas seulement parce qu'Il guérit nos maladies et nous bénit. Il aspire à ce que nous comprenions son vrai amour qui a sans le préserver donné Son Fils unique et recevions Jésus comme notre Sauveur. De plus nous devons l'aimer pas seulement avec nos lèvres mais aussi par nos actes de la parole de Dieu. Il nous dit dans 1 Jean 5:3, *«Car l'amour de Dieu consiste à garder ses commandements. Et ses commandements ne sont pas pénibles,»* si nous aimons vraiment Dieu nous devons chasser tout ce qui est mauvais en nous et marcher chaque jour dans la lumière.

Lorsque nous demandons quelque chose à Dieu avec ce type de foi et d'amour, comment ne pourrait-Il pas nous répondre? Dans Matthieu 7:11, comme Jésus nous l'a promis, *«Si donc, méchants comme vous l'êtes, vous savez donner de bonnes*

«Mon cœur m'a conduit vers cet endroit ...

Je n'aspirais qu'à la grâce...

Dieu m'a fait un très grand cadeau.

*Ce qui me rend plus heureuse
que de voir c'est le fait
que j'ai rencontré le Dieu vivant!»*

Maria du Honduras
qui avait perdu la vue de son œil droit
lorsqu'elle avait deux ans
est arrivée à voir après avoir reçu la prière
du Dr. Jaerock Lee

choses à vos enfants, à combien plus forte raison votre Père qui est dans les cieux donnera-t-il de bonnes choses à ceux qui les lui demandent,» croyez que notre Père Dieu répondra aux prières de Ses enfants bien-aimés.

C'est pourquoi, peu importe avec quel type de maladie ou de problème avec lequel vous vous présentez devant Dieu. Avec la confession «Seigneur je crois» qui provient du plus profond de votre cœur, lorsque vous montrez des œuvres de votre foi, le Seigneur qui a guéri un aveugle de naissance guérira toutes espèces de maladies, transformera l'impossible en possible et résoudra tous les problèmes de votre vie.

L'œuvre d'ouvrir les yeux des aveugles à l'Eglise Centrale Manmin

Depuis sa fondation en 1982, Manmin a grandement glorifié Dieu au travers de l'œuvre d'ouvrir les yeux d'innombrables personnes qui avaient été aveugles. De nombreuses personnes qui avaient été aveugles depuis leur naissance ont reçu la vue après la prière. La vision de nombreux autres dont la vue avait été détériorée et qui se reposaient sur des lunettes ou des verres de contact a été restaurée. Parmi les témoignages, de nombreux témoignages étonnants, en voici quelques exemples.

Lorsque j'ai conduit une Grande Croisade Unifiée au

«Les médecins m'ont dit
que je serais bientôt aveugle...
Les choses commençaient à
s'effacer...

Merci Seigneur,
pour m'avoir donné la lumière...

Je t'ai attendu...»

Révérend Ricardo Morales du Honduras
qui est presque devenu aveugle
après un accident
mais qui a vu de nouveau

Honduras en Juillet 2002, il y avait une jeune fille de douze ans qui s'appelait Maria qui avait perdu la vision de son œil droit après une fièvre très grave à l'âge de deux ans. Ses parents ont fait une variété d'essais pour restaurer sa vision. Même la transplantation de cornée qu'elle avait subie n'a donné aucun résultat. Pendant la décade suivante, après l'échec de la transplantation, Maria ne pouvait même pas voir la lumière par son œil droit.

Alors, en 2002, dans un sincère désir pour la grâce de Dieu, Maria a assisté à la croisade pendant laquelle elle a reçu ma prière, elle a commencé à voir la lumière et a vu rapidement sa vision se restaurer. Les nerfs de son œil droit qui avaient dégénéré et étaient morts ont été recréés par la puissance de Dieu. Combien cela est étonnant? Un innombrable nombre de gens au Honduras ont célébré et proclamé, «Dieu est en fait vivant et il agit même aujourd'hui!»

Le pasteur Ricardo Morales est pratiquement devenu aveugle mais a complètement été guéri par l'eau douce de Muan. Sept années avant la croisade du Honduras, le Pasteur Ricardo a été impliqué dans un accident de trafic dans lequel sa rétine a été sévèrement endommagée et il souffrait d'une grave hémorragie. Les médecins ont dit au Pasteur Ricardo qu'il allait graduellement perdre la vue et qu'il deviendrait finalement aveugle. Il a cependant été guéri le premier jour de la Conférence pour Dirigeants d'Eglise au Honduras en 2002. Après avoir entendu la parole de Dieu, avec foi, le Pasteur Ricardo a mis de l'eau douce de Muan sur ses yeux et à son plus grand étonnement, les objets sont devenus plus clairs à chaque minute. Au début, parce qu'il n'avait nullement anticipé une telle chose, le Pasteur Ricardo ne pouvait pas le croire. Ce soir-là, avec ses lunettes, le Pasteur Ricardo a assisté à la première session de la croisade. Alors, soudainement la lentille de ses lunettes est tombée et il a entendu la voix du Saint-Esprit: «Si tu ne retires pas tes lunettes maintenant, tu seras aveugle.» Le pasteur Ricardo a alors retiré ses lunettes et a réalisé qu'il pouvait tout voir clairement. Sa vue était restaurée, et le Pasteur Ricardo a grandement glorifié Dieu.

A l'Eglise Manmin de Nairobi au Kenya, un jeune homme appelé Kombo a un jour visité sa ville natale, qui est située à près de 400 km (235 miles) de l'église. Pendant cette visite, il a prêché l'évangile à sa famille et leur a expliqué les miraculeuses œuvres de la puissance de Dieu qui se déroulaient à l'Eglise Centrale Manmin de Séoul. Il a prié pour eux avec le mouchoir sur lequel j'avais prié. Kombo a aussi présenté à sa famille le calendrier imprimé par l'église.

Après avoir entendu son petit fils prêcher l'évangile, la grand-mère de Kombo, qui était aveugle s'est dit en elle-même avec un désir sincère, 'je voudrais aussi voir une photo du Dr. Jaerock Lee,' tandis qu'elle tenait le calendrier des deux mains. Ce qui a suivi était vraiment miraculeux. Dès que la grand-mère de Kombo eut déplié le calendrier, ses yeux se sont ouverts et elle pouvait voir la photo. Alléluia! La famille de Kombo a reçu une expérience en direct de l'œuvre de la puissance qui a ouvert les yeux des aveugles et ils ont cru au Dieu vivant. De plus, lorsque la rumeur de cet incident a parcouru le village, les gens ont demandé qu'une église branche soit aussi établie dans leur village.

Par les innombrables œuvres de puissance partout dans le monde, il y a maintenant des milliers d'églises branches Manmin dans le monde et l'évangile de sanctification est prêché jusqu'aux extrémités de la terre. Lorsque vous reconnaissez et croyez dans l'œuvre de la puissance de Dieu, vous pouvez aussi devenir héritiers de Ses bénédictions.

Et comme c'était le cas du temps de Jésus, au lieu de se réjouir et de glorifier Dieu ensemble, de nombreuses personnes aujourd'hui jugent, condamnent et parlent contre l'œuvre du Saint-Esprit. Nous devons comprendre qu'il s'agit d'un péché effrayant, comme Jésus nous l'a spécifiquement dit dans Matthieu 12:31-32, *«C'est pourquoi je vous dis: Tout péché et tout blasphème sera pardonné aux hommes, mais le blasphème contre l'Esprit ne sera point pardonné. Quiconque parlera contre le Fils de l'homme, il lui sera pardonné; mais quiconque parlera contre le Saint-Esprit, il ne lui sera pardonné ni dans ce siècle ni dans le siècle à venir.»*

Pour ne pas s'opposer à l'œuvre du Saint-Esprit, mais au contraire d'expérimenter les étonnantes œuvres de la puissance de Dieu, nous devons reconnaître et aspirer à Son œuvre, comme l'homme de Jean 9 qui était aveugle de naissance. Dans la mesure où les gens se sont préparés eux-mêmes en tant que vases pour recevoir les réponses par la foi, certains expérimenteront l'œuvre de la puissance de Dieu et d'autres ne le feront pas.

Comme nous le dit Psaume 18:25-26, *«Avec celui qui est bon tu te montres bon, Avec l'homme droit tu agis selon la droiture, Avec celui qui est pur tu te montres pur, Et avec le pervers tu agis selon sa perversité.»* Que chacun d'entre vous en croyant en Dieu qui nous récompense en fonction de ce que nous avons fait et qui expose les œuvres de notre foi, devienne un héritier de Ses bénédictions, dans le nom du Seigneur Jésus-Christ, je prie!

Marc 2:3-12

Des gens vinrent à lui, amenant un paralytique
porté par quatre hommes.
Comme ils ne pouvaient l'aborder, à cause de la foule,
ils découvrirent le toit de la maison où il était,
et ils descendirent par cette ouverture le lit
sur lequel le paralytique était couché.
Jésus, voyant leur foi, dit au paralytique:
Mon enfant, tes péchés sont pardonnés.
Il y avait là quelques scribes, qui étaient assis,
et qui se disaient au-dedans d'eux:
Comment cet homme parle-t-il ainsi? Il blasphème.
Qui peut pardonner les péchés, si ce n'est Dieu seul?
Jésus, ayant aussitôt connu par son esprit ce qu'ils
pensaient au-dedans d'eux, leur dit:
Pourquoi avez-vous de telles pensées dans vos coeurs?
Lequel est le plus aisé, de dire au paralytique:
Tes péchés sont pardonnés,
ou de dire: Lève-toi, prends ton lit, et marche?
Or, afin que vous sachiez que le Fils de l'homme a sur la
terre
le pouvoir de pardonner les péchés:
Je te l'ordonne, dit-il au paralytique,
lève-toi, prends ton lit, et va dans ta maison.
Et, à l'instant, il se leva, prit son lit, et sortit
en présence de tout le monde,
de sorte qu'ils étaient tous dans l'étonnement et
glorifiaient Dieu, disant: Nous n'avons jamais rien vu de
pareil.

La Bible nous dit que du temps de Jésus de nombreuses personnes qui avaient été paralysées ou handicapées ont reçu une complète guérison et ont grandement glorifié Dieu. Comme Dieu nous l'a promis dans Esaïe 35:6, *«Alors le boiteux sautera comme un cerf, Et la langue du muet éclatera de joie,»* et à nouveau dans Esaïe 49:8, *«Ainsi parle l'Éternel: Au temps de la grâce je t'exaucerai, Et au jour du salut je te secourrai; Je te garderai, et je t'établirai pour traiter alliance avec le peuple, Pour relever le pays, Et pour distribuer les héritages désolés;»* Dieu ne se contentera pas de nous répondre, mais Il nous conduira aussi vers la salut.

Cela a été témoigné sans cesse de nos jours à l'Eglise Centrale Manmin, où au travers des œuvres de la miraculeuse puissance de Dieu, d'innombrables patients commencent à marcher, à se lever de leurs chaises roulantes et à jeter leurs béquilles.

Avec quel type de foi, le paralytique qui est relaté dans Marc 2 s'est-il approché de Jésus et a-t-il reçu le salut et les bénédictions et réponses? Je prie que ceux d'entre vous qui sont présentement incapables de marcher à cause d'une quelconque maladie, se lèvent, marchent et courent à nouveau.

Le paralytique entend des nouvelles
au sujet de Jésus

Dans Marc 2, il y a un compte rendu détaillé d'un paralytique qui a reçu la guérison de Jésus lorsque celui-ci a visité Capernaüm. Dans cette ville habitait un très pauvre paralytique qui était incapable de s'asseoir tout seul sans l'aide des autres, et il vivait seulement parce qu'il ne pouvait pas mourir. Il a cependant entendu des nouvelles au sujet de Jésus qui avait ouvert les yeux des aveugles, fait se lever des paralytiques, chassé des esprits impurs et guéri des gens de toutes espèces de maladies. Parce que l'homme avait un bon cœur, lorsqu'il a entendu parler de Jésus, il s'en est souvenu et a eu un désir sincère de rencontrer Jésus.

Un jour, le paralytique a entendu que Jésus était venu à Capernaüm. Combien devait-il être excité et joyeux dans l'anticipation de rencontrer Jésus? Le paralytique était cependant incapable de se mouvoir seul et il a cherché des amis qui pourraient l'amener à Jésus. Heureusement, parce que ses amis avaient aussi entendu parler de Jésus; ils ont accepté d'aider leur ami.

Le paralytique et ses amis
se sont présentés devant Jésus

Le paralytique et ses amis sont arrivés à la maison où Jésus prêchait, mais parce qu'une grande foule s'était réunie, ils ne pouvaient trouver aucune place près de la porte, et encore moins entrer dans la maison. Les circonstances ne permettaient pas au paralytique et à ses amis de se présenter devant Jésus. Ils ont dû discuter avec la foule, «Je vous en prie, bougez! nous avons un patient dans un état critique!» Malgré cela, la maison et le voisinage étaient tellement remplis de gens. Si le paralytique et ses amis avaient manqué de foi, ils auraient pu retourner à la maison sans rencontrer Jésus.

Cependant, ils n'ont pas abandonné, mais ils ont au contraire montré leur foi. Après s'être concertés comment rencontrer Jésus, en tant que possibilité unique, les amis du paralytique ont commencé à creuser un trou dans le toit de la maison au-dessus de Jésus et ils l'ont laissé descendre. Même s'ils devaient demander des excuses au propriétaire de la maison et le payer pour les dégâts plus tard, le paralytique et ses amis étaient tellement désespérés de rencontrer Jésus et de recevoir la guérison.

La foi est accompagnée d'œuvres et les œuvres de la foi peuvent être montrées uniquement si nous nous abaissons nous-mêmes avec un cœur humble. Ne vous êtes-vous jamais dit ou pensé, «malgré que je le veuille, ma condition physique ne me permet pas d'aller à l'église»? Si le paralytique avait confessé cent fois «Seigneur, je crois que tu sais que je ne peux pas venir pour te rencontrer parce que je suis paralysé. Je crois aussi que tu veux me guérir même si je suis couché sur mon lit ,» on n'aurait pas dit qu'il a montré sa foi.

Peu importe ce que cela allait lui coûter, le paralytique s'est présenté devant Jésus pour recevoir sa guérison. Le paralytique a cru et il était convaincu qu'il sera guéri lorsqu'il rencontrera Jésus, et il a demandé à ses amis de le conduire devant Jésus. De plus, étant donné que ses amis aussi avaient la foi, ils ont pu servir leur ami paralytique même au point de trouer le toit et de la descendre au travers du toit d'un étranger.

Si vous croyez réellement que vous serez guéri devant Dieu, vous présenter devant Lui est une preuve de votre foi. C'est pourquoi après avoir creusé le trou, les amis du paralytique ont laissé descendre le lit sur lequel l'homme paralysé était couché et l'ont présenté devant Jésus. En ce temps-là, les toits en Israël étaient plats et il y avait un escalier sur le côté de chaque maison qui donnait accès au toit. De plus les tuiles du toit pouvaient facilement être enlevées. Ces facilités ont permis au paralytique de se présenter devant Jésus plus près que n'importe qui.

Nous pouvons recevoir les réponses
après que nous solutionnons le problème du péché

Dans Marc 2:5, nous voyons que Jésus est de toute évidence ravi par les œuvres de foi du paralytique. Avant qu'Il ne guérisse le paralytique, pourquoi Jésus lui a-t-il dit *«Mon fils, tes péchés te sont pardonnés»*? C'est parce que le pardon des péchés doit précéder la guérison.

Dans Exode 15:26, Dieu nous dit, *«Si tu écoutes attentivement la voix de l'Éternel, ton Dieu, si tu fais ce qui est droit à ses yeux, si tu prêtes l'oreille à ses commandements, et si tu observes toutes ses lois, je ne te frapperai d'aucune des maladies dont j'ai frappé les Égyptiens; car je suis l'Éternel, qui te guérit.»* Ici «les maladies dont j'ai frappé les égyptiens» se réfère à toutes les maladies connues par les hommes. Donc, lorsque nous obéissons à Ses commandements et vivons selon Sa parole, Dieu nous protégera de sorte qu'aucune maladie ne puisse jamais nous saisir. De plus, dans Deutéronome 28, Dieu nous promet que tant que nous obéissons et vivons selon Sa parole, aucune maladie n'entrera jamais dans nos corps. Dans Jean 5 après avoir guéri un homme qui avait été malade pendant trente huit ans, Jésus lui a dit, *«Ne pèche plus car il pourrait t'arriver quelque chose de pire»* (v. 14).

Parce que toutes maladies proviennent du péché, avant qu'il ne guérisse le paralytique, Jésus lui a d'abord donné le pardon. Se présenter devant Jésus ne se termine cependant pas par le pardon. Pour recevoir la guérison, nous devons d'abord nous repentir de nos péchés et nous détourner d'eux. Si vous étiez pécheur, vous devez devenir quelqu'un qui ne pèche plus, si vous étiez un menteur, vous devez devenir quelqu'un qui ne ment plus, et si vous haïssiez les autres, vous ne devez plus haïr, Dieu ne donne le pardon qu'à ceux qui obéissent à la parole. De plus, confesser «Je crois» ne vous garantit pas le pardon; lorsque nous sortons dans la lumière, le sang de notre Seigneur Jésus-Christ va certainement nous laver de tous nos péchés (1 Jean 1:7).

Le paralytique marche par la puissance de Dieu

Dans Marc 2:12, nous voyons qu'après avoir reçu le pardon, l'homme qui avait été paralysé s'est levé, a pris son lit et est sorti à la vue de tous ceux qui étaient là. Lorsqu'il est venu à Jésus, il était couché sur un lit. L'homme a cependant été guéri au moment où Jésus lui a dit, *«Fils, tes péchés te sont pardonnés»* (v.5). Au lieu de se réjouir de la guérison, les docteurs de la loi étaient occupés à se quereller. Lorsque Jésus a dit à l'homme «Fils, tes péchés te sont pardonnés» ils se sont dit en eux-mêmes, *«Comment cet homme parle-t-il ainsi? Il blasphème. Qui peut pardonner les péchés, si ce n'est Dieu seul?»* (v. 7).

Alors Jésus leur dit, *«ayant aussitôt connu par son esprit ce* qu'ils pensaient au-dedans d'eux, leur dit: *Pourquoi avez-vous de telles pensées dans vos cœurs. Lequel est le plus aisé, de dire au paralytique: Tes péchés sont pardonnés, ou de dire: Lève-toi, prends ton lit, et marche? Or, afin que vous sachiez que le Fils de l'homme a sur la terre le pouvoir de pardonner les péchés»* (v. 8-10). Après les avoir éclairés sur la providence de Dieu, lorsque Jésus a dit au paralytique, *«Je te l'ordonne, dit-il au paralytique, lève-toi, prends ton lit, et va dans ta maison,»* (v.11) l'homme s'est immédiatement levé et il a marché. En d'autres termes, pour que l'homme qui était paralysé puisse recevoir sa guérison il fallait qu'il reçoive le pardon, et que Dieu garantit toute parole que Jésus prononce. C'est aussi la preuve de ce que le Dieu omnipotent garantit Jésus en tant que Sauveur de l'humanité.

Exemples de se lever, sauter et marcher à Manmin

Dans Jean 14:11, Jésus nous dit, *«Croyez-moi, je suis dans le Père, et le Père est en moi; croyez du moins à cause de ces oeuvres.»* C'est pourquoi nous devons croire que Père Dieu et Jésus sont un et le même en témoignant que le paralytique qui est venu devant Jésus dans la foi a été pardonné, s'est levé, a sauté et a marché sur l'ordre de Jésus.

Dans Jean 14:12, Jésus nous dit aussi, *«En vérité, en vérité, je vous le dis, celui qui croit en moi fera aussi les oeuvres que je fais, et il en fera de plus grandes, parce que je m'en vais au Père.»* Comme j'ai cru la parole de Dieu à cent pour cent, après que je sois appelé en tant que serviteur de Dieu, j'ai prié et jeûné de nombreux, nombreux jours pour recevoir Sa puissance. Par conséquent des témoignages de guérisons de maladies que la science médicale moderne ne peut guérir ont afflué à Manmin depuis sa fondation.

Chaque fois que l'église en tant qu'ensemble a traversé des épreuves pour des bénédictions, la vitesse à laquelle les patients recevaient leur guérison s'est accélérée alors que des maladies plus critiques étaient guéries. Au travers des Réunions Spéciales de Réveil de deux Semaines tenues de 1993 à 2004 et de Grandes Croisades Unifiées Outremer dans le monde entier, un grand nombre de personnes partout dans le monde a expérimenté l'étonnante puissance de Dieu.

Parmi les nombreux cas où les gens se sont levés, ont sauté et ont marché, voici quelques exemples.

Se lever après neuf années de chaise roulante

Le premier témoignage est le Diacre Yoonsup Kim. En Mai 1990, il est tombé de la hauteur d'un bâtiment de cinq étages en accomplissant un travail électrique au Village de Sciences

Taedok en Corée du Sud. Cela s'est produit avant que Kim ne croie en Dieu.

Immédiatement après la chute, il a été amené à l'hôpital Sun à Yoosung, province de Choongnam, où il est resté dans le coma pendant 6 mois. Après s'être réveillé du coma, la douleur de la pression et de la fracture dans les 11ème et 12ème vertèbres thoraciques et la hernie dans les 4ème et 5ème vertèbres lombaires était insupportable et agonisante. Les médecins à l'hôpital ont informé Kim que sa condition était critique. Il a été admis dans d'autres hôpitaux un certain nombre de fois. Cependant, sans aucun changement ni progrès dans sa condition. Kim se retrouvait au 1er niveau d'invalidité. Autour de sa taille, Kim devait porter en permanence un corset pour sa colonne vertébrale. De plus, étant donné qu'il ne pouvait pas se coucher, il devait dormir assis.

Pendant ce temps difficile, Kim a été évangélisé et est venu à Manmin où il a commencé une vie en Christ. Lorsqu'il a assisté à la Réunion Spéciale de Guérisons en Novembre 1998, Kim a connu une expérience incroyable. Avant la réunion, il était incapable de se coucher sur le dos ni utiliser seul les toilettes. Après avoir reçu ma prière, il a pu se lever de sa chaise roulante et a marché avec des béquilles.

Pour recevoir la guérison complète, le Diacre Kim a fidèlement assisté à tous les cultes d'adoration et il ne s'arrêtait jamais de prier aux réunions. En plus dans le désir sincère de

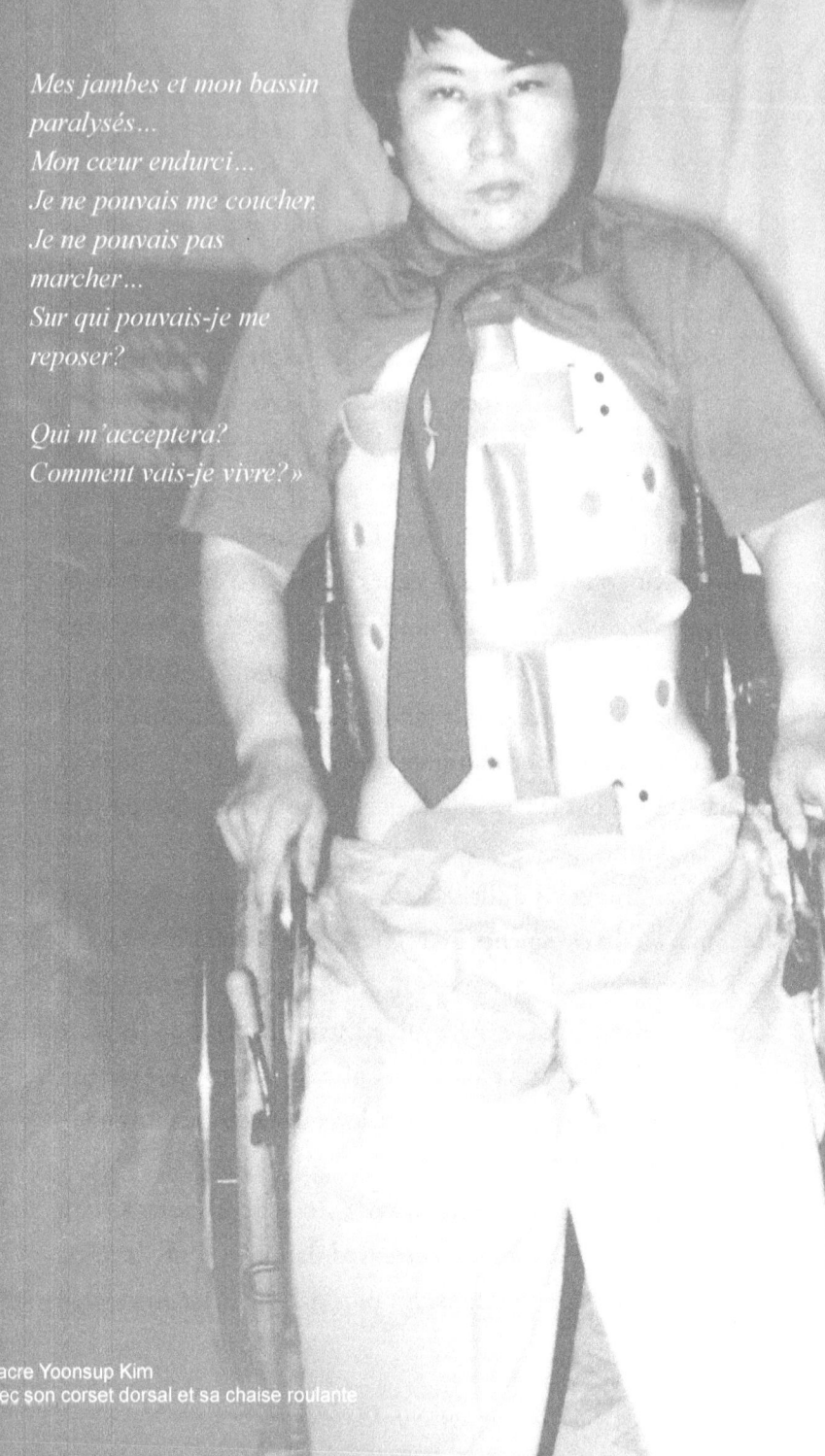

Mes jambes et mon bassin
paralysés...
Mon cœur endurci...
Je ne pouvais me coucher.
Je ne pouvais pas
marcher...
Sur qui pouvais-je me
reposer?

Qui m'acceptera?
Comment vais-je vivre?»

Diacre Yoonsup Kim
avec son corset dorsal et sa chaise roulante

«Alléluia!
Dieu est vivant!
Pouvez-vous me voir marcher?»

Diacre Kim se réjouit
avec d'autres membres de Manmin
après avoir reçu la guérison
au travers de la prière
du Dr. Jaerock Lee

préparation de la 7ᵉᵐᵉ Réunion Spéciale de Réveil de Deux Semaines de 1999, il a jeûné pendant vingt et un jours. Alors que je priais pour les malades du haut de la chaire pendant la première session de la réunion, le Diacre Kim a ressenti un puissant rayon de lumière qui brillait sur lui et il voyait une vision dans laquelle il courait. La seconde semaine de la réunion, quand je lui ai imposé les mains et ai prié pour lui, il pu sentir que son corps était plus léger. Quand le feu du Saint-Esprit est descendu sur ses pieds, une force inconnue lui a été donnée. Il a pu jeter son corset de support de la colonne et ses béquilles, marcher sans difficultés et bouger librement sa poitrine.

Par la puissance de Dieu, le Diacre Kim est arrivé à marcher comme une personne ordinaire. Il roule même à vélo et il sert avec zèle dans l'église. De plus, il y a peu, le Diacre Kim s'est marié et il mène maintenant une vie vraiment heureuse.

Se lever de la chaise roulante
après avoir reçu la prière avec le mouchoir

A Manmin se produisent des événements spectaculaires qui sont relatés dans la Bible et d'extraordinaires miracles se produisent; au travers de ceux-ci, Dieu est glorifié d'avantage. Parmi de tels événements et miracles est la manifestation de la puissance de Dieu au travers des mouchoirs.

Dans Actes 19:11-12, nous trouvons que, *«Et Dieu faisait des miracles extraordinaires par les mains de Paul, au point qu'on appliquait sur les malades des linges ou des mouchoirs qui avaient touché son corps, et les maladies les quittaient, et les esprits malins sortaient.»* De la même manière, lorsque les gens prennent les mouchoirs sur lesquels j'ai prié ou n'importe quel objet de mon corps vers les malades, de merveilleuses œuvres de guérison sont manifestées. Comme conséquence, de nombreux pays et peuples partout dans le monde nous ont demandé de mener des croisades avec le mouchoir dans leurs propres régions. De plus d'innombrables gens dans des pays en Afrique, au Pakistan, en Indonésie, aux Philippines, au Honduras, au Japon, en Chine, en Russie et de nombreux autres expérimentent aussi «d'extraordinaires miracles.»

En Avril 2001 un des pasteurs Manmin a conduit une croisade avec le mouchoir en Indonésie, au cours de laquelle d'innombrables personnes ont reçu leur guérison et ont donné gloire au Dieu vivant. Parmi eux, il y avait un ancien gouverneur de province qui était sur une chaise roulante. Lorsqu'il a été guéri au travers de la prière avec le mouchoir, cela devint rapidement une grande nouvelle.

En Mai 2003 un autre pasteur de Manmin a conduit une croisade avec le mouchoir en Chine au cours de laquelle il y eut, parmi beaucoup de cas de guérisons, un homme qui avait marché avec des béquilles pendant trente quatre ans et qui a pu marcher seul.

Ganesh jette ses béquilles au Festival de Prières et de Guérisons Miraculeuses d'Inde en 2002

Lors du Festival de Prières et de Guérisons Miraculeuses d'Inde en 2002, qui s'est tenue à la Marina Beach à Chennai, un état à prédominance hindouiste, plus de trois millions de personnes se sont assemblées, ont expérimenté en direct de vraiment étonnantes œuvres de la puissance de Dieu, et beaucoup d'entre eux se sont convertis à la chrétienté. Avant cette croisade le ton donné pour que des os raidis se relâchent et les nerfs morts revivent avait progressé lentement. En commençant avec la croisade d'Inde, l'oeuvre de guérison a défié l'ordre du corps humain.

Parmi ceux qui ont reçu leur guérison il y avait un jeune garçon appelé Ganesh. Il était tombé de son vélo et avait heurté son bassin du côté droit. Des situations financières difficiles dans sa maison l'ont empêché de recevoir les soins appropriés. Après une année, une tumeur s'est développée dans son os et on a été obligé de lui enlever la partie droite du bassin. Les médecins ont mis une fine plaque de métal sur son fémur et aux parties restantes de son bassin , et ils ont fixé la plaque avec neuf vis ce qui le rendait impossible de monter ou descendre un escalier ou

«Je ne puis plus sentir
les neuf ongles
que je pressais
contre ma chair et mes os!

Je ne pouvais même pas me lever
auparavant
à cause de ma douleur
mais maintenant, je puis marcher!»

Ganesh est arrivé à marcher
sans ses béquilles
après avoir reçu la prière
du Dr. Jaerock Lee

de marcher sans béquilles.

Lorsqu'il a entendu parler de la croisade, Ganesh y a assisté et il a expérimenté les œuvres enflammées du Saint-Esprit. Le second jour de la croisade de quatre jours, alors qu'il recevait la 'prière pour les malades', il a senti son corps qui chauffait, comme s'il était plongé dans un vase d'eau bouillante, et il n'a plus ressenti de douleur dans son corps. Il est immédiatement monté sur le podium et il a témoigné de sa guérison. Depuis lors, il n'a plus ressenti de douleurs dans son corps, n'a plus utilisé de béquilles et il marche et court librement.

Une femme se lève de sa chaise roulante à Dubaï

En Avril 2003, j'étais à Dubai; aux Emirats Arabes Unis, une femme d'origine indienne s'est levée de sa chaise roulante dès qu'elle a reçu ma prière. C'était une femme intelligente qui avait étudié aux Etats-Unis. À cause de problèmes personnels, elle a souffert d'un choc mental, qui a été couplé avec des effets secondaires d'un accident de trafic et une complication.

Lorsque j'ai vu cette femme pour la première fois, elle était incapable de marcher, manquait de force pour parler et ne pouvait pas ramasser ses lunettes qu'elle avait laissé tomber. Elle a ajouté qu'elle était trop faible pour écrire ou prendre un verre d'eau. Lorsque les autres la touchaient à peine, elle entrait dans

«Malgré que je n'avais
pas assez de force
de bouger même un doigt,
Je savais que je serais guérie
lorsque je me suis présentée devant Lui
Mon espoir n'était pas vain
Et Dieu l'a accompli!»

Une femme d'origine indienne
se lève de sa chaise roulante et marche
après avoir reçu la prière
du Dr. Jaerock Lee

une douleur insoutenable. Après la prière cependant, la femme s'est immédiatement levée de sa chaise roulante. Même moi j'étais tellement étonné à voir cette femme, qui quelques minutes plus tôt n'avait pas de force suffisante pour parler, et elle pouvait maintenant rassembler ses affaires et sortir en marchant de la pièce.

Jérémie 29:11 dit, «*Car je connais les projets que j'ai formés sur vous, dit l'Éternel, projets de paix et non de malheur, afin de vous donner un avenir et de l'espérance.*» Notre Père Dieu nous a tellement aimés qu'Il nous a donné sans l'épargner Son Fils unique.

C'est pourquoi, même si vous avez vécu une vie misérable à cause d'une incapacité physique, vous avez l'espérance de mener une vie en bonne santé par la foi dans le Père Dieu. Il ne veut voir aucun de Ses enfants dans les épreuves et l'affliction. De plus, il aspire à donner la paix, la joie, le bonheur et un futur à tous dans le monde.

Au travers de l'histoire d'un paralytique relatée dans Marc 2, vous en êtes arrivés à connaître les voies et les méthodes par lesquelles vous pouvez recevoir les réponses et les désirs de votre cœur. Que chacun d'entre vous prépare un vase de foi et reçoive tout ce que vous demandez, dans le nom du Seigneur Jésus-Christ, je prie!

Message 8

Les Gens se Réjouiront
Danseront et Chanteront

- Jésus guérit un homme sourd muet
- Cas de guérisons divines de la surdité à Manmin
- Une surdité de naissance a reçu la guérison
- Lors du Festival de Prières et de Guérisons Miraculeuses d'Inde en 2002,
    Jennifer enlève son aide auditive.
- Pour expérimenter la puissance qui permet aux muets de parler
    et aux sourds d'entendre

Marc 7:31-37

Jésus quitta le territoire de Tyr,
et revint par Sidon vers la mer de Galilée,
en traversant le pays de la Décapole.
On lui amena un sourd, qui avait de la difficulté à parler,
et on le pria de lui imposer les mains.
Il le prit à part loin de la foule,
lui mit les doigts dans les oreilles,
et lui toucha la langue avec sa propre salive;
puis, levant les yeux au ciel, il soupira,
et dit: Éphphatha, c'est-à-dire, ouvre-toi.
Aussitôt ses oreilles s'ouvrirent, sa langue se délia,
et il parla très bien.
Jésus leur recommanda de n'en parler à personne;
mais plus il le leur recommanda, plus ils le publièrent.
Ils étaient dans le plus grand étonnement,
et disaient: Il fait tout à merveille;
même il fait entendre les sourds, et parler les muets.

Nous trouvons ce qui suit dans Matthieu 4:23-24:

Jésus parcourait toute la Galilée, enseignant dans les synagogues, prêchant la bonne nouvelle du royaume, et guérissant toute maladie et toute infirmité parmi le peuple. Sa renommée se répandit dans toute la Syrie, et on lui amenait tous ceux qui souffraient de maladies et de douleurs de divers genres, des démoniaques, des lunatiques, des paralytiques; et il les guérissait.

Jésus n'a pas seulement prêché la parole de Dieu et la bonne nouvelle du royaume, mais il a aussi guéri d'innombrables personnes souffrant d'une variété de maladies. En guérissant les maladies pour lesquelles la puissance humaine était inutile, la parole que Jésus a proclamée était gravée dans les cœurs des gens, et Il les a conduits au ciel par leur foi.

Jésus guérit un homme sourd muet

Dans Marc 7, il y a l'histoire où Jésus voyageait de Tyr à Sidon, et puis de là vers la Mer de Galilée et dans le pays de la Décapole, et Il a guéri un homme sourd-muet. Si quelqu'un pouvait «difficilement parler», cela signifie qu'il bégayait et ne pouvait pas parler couramment. L'homme dans ce passage a peut être appris à parler lorsqu'il était enfant, et il est devenu sourd par la suite et maintenant il «pouvait à peine parler.»

De manière générale, un «sourd-muet» est quelqu'un qui n'a pas pu apprendre le langage et à parler à cause de la surdité, alors que la «bradyacousie» se réfère à la difficulté d'entendre. Il y a un certain nombre de manières par lesquelles on peut devenir sourd-muet. La première est l'hérédité. Dans le second cas on devient un sourd-muet de naissance si la mère souffre de rubéole, (appelée aussi «rougeole allemande») ou qu'elle prend de mauvais médicaments pendant la grossesse. Dans le troisième cas, si l'enfant est diagnostiqué avec la méningite, lorsqu'il a trois ou quatre ans, à cet âge où un enfant apprend à parler, il peut devenir sourd-muet. Dans le cas de bradyacousie, si le tympan a été brisé, des aides auditives peuvent résoudre le problème. S'il y a un problème avec le nerf auditif lui-même, aucune aide auditive n'aidera. Dans d'autres cas où quelqu'un travaille dans un environnement très bruyant ou la faiblesse d'audition se produit tandis que la personne avance en âge, on dit qu'il n'y pas de traitement fondamental.

De plus, on peut devenir sourd-muet quand on est possédé par un démon. Dans un tel cas, quand une personne qui a l'autorité spirituelle chasse les esprits impurs, la personne arrivera à parler et à entendre immédiatement. Dans Marc 9:25-27, lorsque Jésus a chassé un esprit impur chez un garçon qui était incapable de parler, *«Esprit muet et sourd, je te l'ordonne, sors de cet enfant, et n'y rentre plus,»* (v. 25) l'esprit impur a quitté le garçon tout de suite et le garçon se trouva bien.

Croyez que lorsque Dieu travaille, aucune maladie ni faiblesse ne posera jamais de problèmes ni de menace sur vous. C'est pourquoi nous trouvons dans Jérémie 32:27, *«Voici, je suis l'Éternel, le Dieu de toute chair. Y a-t-il rien qui soit étonnant de ma part?»* Psaume 100:3 nous presse, *«Sachez que l'Éternel est Dieu! C'est lui qui nous a faits, et nous lui appartenons; Nous sommes son peuple, et le troupeau de son pâturage,»* tandis que le Psaume 94:9 nous rappelle, *«Celui qui a planté l'oreille n'entendrait-il pas? Celui qui a formé l'oeil ne verrait-il pas?»* Lorsque nous croyons dans le Père Dieu omnipotent qui a formé nos oreilles et nos yeux du plus profond de notre cœur, tout est possible, c'est pourquoi pour Jésus qui est venu sur cette terre dans la chair tout était possible. Comme nous le trouvons dans Marc 7, lorsque Jésus a guéri le sourd-muet, les oreilles de l'homme se sont ouvertes et ses paroles devinrent cohérentes.

Lorsque nous ne faisons pas que croire en Jésus-Christ mais demandons aussi la puissance de Dieu avec une foi mature, les mêmes œuvres que celles relatées dans la Bible auront lieu même aujourd'hui. Sur cela, Hébreux 13:8 nous dit, «*Jésus-Christ est le même hier, aujourd'hui, et éternellement,*» tandis qu'Ephésiens 4:13 nous rappelle que nous devons, «*parvenir à l'unité de la foi et de la connaissance du Fils de Dieu, à l'état d'homme fait, à la mesure de la stature parfaite de Christ.*»

Cependant, la dégénérescence de parties du corps ou la surdité ou le mutisme en tant que conséquence de la mort de cellules nerveuses ne peuvent être guéries par le don de guérison. Uniquement lorsque quelqu'un qui a atteint la pleine mesure de la plénitude en Jésus-Christ, reçoit la puissance et l'autorité de Dieu et prie en accord avec la volonté de Dieu, la guérison aura lieu.

Cas de guérisons divines de la surdité à Manmin

J'ai expérimenté de nombreux cas dans lesquels la bradyacousie a été guérie et de nombreuses personnes qui à un moment donné ne pouvaient pas entendre depuis la naissance arrivent à entendre pour la première fois. Il y a deux personnes qui sont arrivées à entendre pour la première fois à 55 et 57 ans.

En Septembre 2000, lorsque j'ai conduit un Festival de Guérisons Miraculeuses à Nagoya au Japon, treize personnes qui avaient souffert de troubles auditifs ont reçu leur guérison dès qu'elles ont reçu ma prière. Cette nouvelle a été relayée vers de

«*Avec les vies
que Tu nous a données,*

*nous marcherons
sur la terre
en aspirant à Toi*

*Mon âme qui est
claire comme
le cristal
vient vers Toi.*»

Diaconesse Napshim Park donne gloire à Dieu
après avoir été guérie de sa surdité de 55ans

nombreuses gens qui avaient des problèmes auditifs en Corée et beaucoup d'entre eux assistèrent à la 9ème Réunion Spéciale de Réveil de Deux Semaines de Mai 2001, et ont reçu leur guérison et ont grandement glorifié Dieu.

Parmi eux, il y avait une femme de 33 ans qui était devenue sourde-muette depuis un accident lorsqu'elle avait 8 ans. Alors qu'elle avait été conduite vers notre Eglise peu avant la réunion de 2001, elle s'est préparée pour recevoir des réponses. La femme a assisté à la Prière quotidienne de Daniel et comme elle s'est souvenue de ses péchés du passé, elle a déchiré son cœur. Après s'être préparée pour la réunion de réveil avec un désir sincère, elle a assisté à la réunion. Pendant la dernière session de la réunion, lorsque j'ai imposé les mains aux sourds-muets, pour prier pour eux, elle n'a pas senti de changement immédiat. Elle n'était pas déçue. Au contraire elle a reçu les témoignages de ceux qui avaient été guéris avec joie et gratitude et elle a même cru plus sincèrement qu'elle aussi serait guérie.

Dieu a considéré cela comme de la foi et a guéri la femme peu après la fin de la réunion. J'ai vu la puissance de Dieu qui a été manifestée même après la fin de la réunion. De plus, le test auditif qu'elle a subi a témoigné de la complète guérison de ses deux oreilles. Alléluia!

Une surdité de naissance a reçu la guérison

La magnitude de la manifestation de la puissance de Dieu a augmenté année après année. Lors de la Croisade de Guérisons Miraculeuses du Honduras en 2002, d'innombrables personnes qui avaient été sourdes et muettes sont arrivées à parler et à entendre. Lorsque la fille du chef du personnel de sécurité pendant la croisade a été guérie de sa surdité de toute une vie, elle est devenue si excitée et extrêmement reconnaissante.

Une des oreilles de la fille de 8 ans Madeline Yaimin Bartres n'avait pas grandi normalement et elle a graduellement perdu l'audition. En entendant parler de la croisade, Madeline a demandé à son père de l'y amener. Elle a reçu une grâce abondante pendant le temps de louanges et après avoir reçu ma prière pour tous les malades, elle a commencé à entendre parfaitement. Comme son père travaillait fidèlement pour la croisade, Dieu a béni son enfant de cette manière.

Lors du Festival de Prières et de Guérisons Miraculeuses d'Inde en 2002, Jennifer enlève son aide auditive.

Malgré que nous étions incapables d'enregistrer les innombrables témoignages de guérison pendant et après la croisade d'Inde, même avec quelques-uns choisis, nous sommes enclins à donner reconnaissance et gloire à Dieu. Parmi de tels cas, il y a l'histoire d'une fille appelée Jennifer, qui avait été sourde et muette de naissance. Un médecin avait suggéré qu'elle porte des aides auditives qui augmenteraient un peu son audition, mais lui a rappelé que l'audition ne pourrait pas être parfaite.

Alors que la mère de Jennifer priait chaque jour pour la guérison de sa fille, elles ont assisté à la croisade. La mère et la fille étaient assises près d'une des larges enceintes acoustiques, puisque de toute manière le volume des enceintes n'aurait pas dérangé Jennifer. Cependant, le dernier jour de la croisade, à cause de la grande multitude qui s'était assemblée, elles n'ont pas pu trouver de places près des enceintes. Ce qui a suivi est absolument incroyable. Dès que j'ai eu terminé la prière pour les malades depuis le podium, Jennifer a dit à sa mère que le son était trop élevé et elle a demandé à sa mère d'enlever les aides auditives, Alléluia!

Selon les données médicales avant la guérison, sans les aides auditives, l'audition de Jennifer ne répondait pas même au niveau le plus élevé d'intensité. En d'autres termes, Jennifer avait perdu cent pour cent de son audition. Mais après la prière, on a trouvé que de 30 à 50 % de son audition avait été restaurée. Voici l'évaluation de Christina ,l'auto-rhino-laryngologiste de Jennifer:

Pour calculer la capacité auditive de Jennifer, âgée de 5

CHURCH OF SOUTH INDIA

Phone: 857 11 01
859 23 06

MADRAS DIOCESE

C. S. I. KALYANI MULTI SPECIALITY HOSPITAL

15, Dr. Radhakrishnan Salai, Chennai-600 004. (South India)

Ref. No.

Date 15/10/02

Audiogram Result : Moderate to severe Sensori-neural hearing loss i:e 50% - 70% hearing loss. Chennai

To whom it may concern.

Miss Jennifer aged 5 yrs has been examined by me at CSI Kalyani hospital for her hearing.

After interacting with the child and observing her and after examining this child, I have come to the conclusion that Jennifer has definitely good hearing improvement now than before she was prayed for. Her mother observation of her child is far more important and the mother has definitely noticed marked improvement in her childs hearing ability. Jennifer hears much better without the hearing aid. responding to her name being called where as previously she was not. without the aid

Christ...

Medical Officer,
C. S. I. KALYANI GENERAL HOSPITAL
...

ans, je l'ai examinée à C.S.I. Multi Specialty Hospital. Après avoir parlé à Jennifer et l'avoir examinée, je suis arrivée à la conclusion qu'il y a eu une certaine et remarquable amélioration de son audition après la prière. L'opinion de la mère de Jennifer est aussi pertinente. Elle a fait la même observation que moi. L'audition de Jennifer s'est certainement et drastiquement améliorée. En ce moment, Jennifer peut très bien entendre sans aide auditive et elle répond correctement quand les gens l'appellent par son nom. Cela n'était pas le cas sans les aides auditives avant la prière.

Pour ceux qui préparent leurs cœurs avec foi, la puissance de Dieu est sans aucun doute manifestée. Bien sûr, il y a de nombreux cas dans lesquels la condition des patients s'améliore de jour en jour tant qu'ils mènent des vies chrétiennes fidèles.

Souvent, Dieu ne donne pas tout de suite une guérison complète à ceux qui ont été sourds depuis le temps de leur jeunesse. S'il pouvaient bien entendre dès le moment de leur guérison, ce serait dur pour eux de supporter tous les sons. Si des gens ont perdu l'audition après leur croissance, Dieu peut les guérir complètement immédiatement, parce que cela ne va pas leur prendre beaucoup de temps pour s'adapter aux sons. Dans de tels cas, les gens peuvent être confus au début, mais après un jour ou deux, ils deviendront calmes et ils s'adapteront à leur nouvelle capacité d'entendre.

En Avril 2003, lors de mon voyage à Dubaï, j'ai rencontré une femme de 32 ans qui avait perdu l'usage de la parole après avoir souffert de méningite cérébrale alors qu'elle avait deux ans. Dès qu'elle a reçu ma prière, la femme a dit très clairement, «Merci!» J'ai pensé à sa remarque comme à un signe d'appréciation, mais ses parents m'ont dit que trois décades sont passées depuis que leur fille a dit «Merci.»

Pour expérimenter la puissance qui permet aux muets de parler et aux sourds d'entendre

Dans Marc 7:33-35, nous trouvons:

«Il le prit à part loin de la foule, lui mit les doigts dans les oreilles, et lui toucha la langue avec sa propre salive; puis, levant les yeux au ciel, il soupira, et dit: Éphphatha, c'est-à-dire, ouvre-toi. Aussitôt ses oreilles s'ouvrirent, sa langue se délia, et il parla très bien.»

Ici, «Éphphatha» signifie «ouvrir» en hébreu. Lorsque Jésus a ordonné avec la voix originelle de la création, les oreilles de l'homme se sont ouvertes et sa langue a été déliée.

Pourquoi alors Jésus a-t-il mis ses doigts dans les oreilles de l'homme avant d'ordonner «Éphphatha»? Romains 10:17 nous dit, *«Ainsi la foi vient de ce qu'on entend, et ce qu'on entend vient de la parole de Christ.»* Etant donné que cet homme ne pouvait pas entendre, ce n'était pas facile pour lui de posséder la foi. De plus, l'homme ne s'est pas présenté devant Jésus pour recevoir la guérison. Au contraire, des gens ont conduit cet homme devant Jésus. En mettant ses doigts dans les oreilles de l'homme, Jésus a aidé l'homme à posséder la foi au travers de Ses doigts.

Ce n'est que lorsque nous comprenons la signification spirituelle cachée dans la scène dans laquelle Jésus a manifesté la puissance de Dieu que nous pouvons expérimenter Sa puissance. Quels sont les pas spécifiques que nous devons suivre?

Nous devons d'abord posséder la foi pour recevoir la guérison.

Même si elle est petite, la personne qui veut recevoir la guérison doit posséder la foi. Cependant, contrairement au temps de Jésus et à cause des progrès de la civilisation, il y a de nombreux moyens, y compris le langage des signes, par lesquels les malentendants peuvent entendre l'évangile. En commençant il y a quelques années, toutes les prédications ont été simultanément traduites en langage de signes à Manmin. Les messages du passé sont aussi continuellement adaptés en langages de signes sur le site web.

De plus, par de nombreux autres moyens, y compris les livres, les journaux, les magazines et les cassettes audio et vidéo, vous pouvez posséder la foi pour autant que vous en ayez le désir. Une fois que la foi est atteinte, vous pouvez expérimenter la puissance de Dieu. J'ai mentionné un nombre de témoignages comme un moyen pour vous aider à posséder la foi.

Ensuite, vous devez recevoir le pardon.

Pourquoi Jésus a-t-il craché et touché la langue de l'homme après avoir mis Ses doigts dans les oreilles de l'homme? Cela symbolise spirituellement le baptême d'eau et c'était nécessaire pour le pardon des péchés de l'homme. Le baptême d'eau signifie que par la parole de Dieu qui est comme l'eau pure, nous devons être lavés de tous nos péchés. De manière à expérimenter la puissance de Dieu, nous devons d'abord résoudre le problème du péché. Au lieu de laver les souillures de l'homme par l'eau, Jésus y a substitué Sa salive et a donc symbolisé le pardon de cet homme. Esaïe 59:1-2 nous dit, «*Non, la main de l'Éternel n'est pas trop courte pour sauver, Ni son oreille trop dure pour entendre. Mais ce sont vos crimes qui mettent une séparation Entre vous et votre Dieu; Ce sont vos péchés qui vous cachent sa face Et l'empêchent de vous écouter.*»

Comme Dieu nous l'a promis dans 2 Chroniques 7:14; *«si mon peuple sur qui est invoqué mon nom s'humilie, prie, et cherche ma face, et s'il se détourne de ses mauvaises voies, je l'exaucerai des cieux, je lui pardonnerai son péché, et je guérirai son pays,»* pour recevoir des réponses devant Dieu, vous devez vous examiner sincèrement, déchirer votre cœur et vous repentir.

De quoi devons-nous nous repentir devant Dieu?

Premièrement, vous devez vous repentir de ne pas avoir cru en Dieu et accepté Jésus-Christ. Dans Jean 16:9, Jésus nous dit que le Saint-Esprit va convaincre le monde de culpabilité concernant le péché, parce que les hommes ne croient pas en Lui. Vous devez réaliser que ne pas accepter le Seigneur est un péché, et croire donc en Dieu et dans le Seigneur.

Deuxièmement, si vous n'avez pas aimé vos frères, vous devez vous repentir. 1 Jean 4:11 nous dit, *«Bien-aimés, si Dieu nous a ainsi aimés, nous devons aussi nous aimer les uns les autres.»* Si votre frère vous hait, au lieu de le haïr vous devez être tolérant et pardonner. Vous devez aussi aimer votre ennemi, rechercher d'abord son intérêt et penser et vous comporter comme si vous étiez vous-même à sa place. Lorsque vous arrivez à aimer tous les hommes, Dieu va aussi vous montrer de la compassion, de la miséricorde, et l'œuvre de guérison.

Troisièmement, si vous avez prié pour vos intérêts personnels, vous devez vous repentir. Dieu ne se réjouit pas en ceux qui prient avec des motivations égoïstes. Il ne vous répondra pas. Même dès à présent, vous devez prier en accord avec la volonté de Dieu.

Quatrièmement, si vous avez prié mais que vous avez douté, vous devez vous repentir. Jacques 1:6-7 dit, *«Mais qu'il la demande avec foi, sans douter; car celui qui doute est semblable au flot de la mer, agité par le vent et poussé de côté et d'autre. Qu'un tel homme ne s'imagine pas qu'il recevra quelque chose du Seigneur.»* Lorsque nous prions, nous devons prier avec foi et Lui être agréable. De plus, comme Hébreux 11:6 nous le rappelle, *«Sans la foi il est impossible de Lui être agréable»*, rejetez vos doutes et demandez uniquement avec foi.

Cinquièmement, si vous n'avez pas obéi aux commandements de Dieu, vous devez vous repentir. Comme Jésus nous le dit dans Jean 14:21, *«Celui qui a mes commandements et qui les garde, c'est celui qui m'aime; et celui qui m'aime sera aimé de mon Père, je l'aimerai, et je me ferai connaître à lui,»* lorsque nous montrons la preuve de notre amour pour Dieu en obéissant à Ses commandements, vous pouvez recevoir Ses réponses. De temps à autre, les croyants sont impliqués dans des accidents de circulation. C'est parce que la plupart d'entre eux n'ont pas gardé saint le jour du Seigneur ou n'ont pas donné toutes leurs dîmes. Étant donné qu'il n'ont pas abondé dans les règles les plus fondamentales pour les chrétiens, les Dix Commandements, ils ne pouvaient pas être placés sous la protection de Dieu. Parmi ceux qui obéissent fidèlement à Ses commandements, certains d'entre eux sont impliqués dans des accidents à cause de leurs propres erreurs. Ils sont cependant protégés par Dieu. Dans de tels cas, les passagers demeurent indemnes même dans un sinistre total, parce que Dieu les aime et leur montre la preuve de Son amour.

De plus, les gens qui n'ont pas connu Dieu reçoivent souvent une guérison rapide après avoir reçu la prière. C'est à cause du fait que pour eux, venir à l'église est déjà un acte de foi, et Dieu œuvre en eux. Cependant, quand les gens ont la foi et connaissent la vérité mais continuent à désobéir aux commandements de Dieu et ne vivent pas selon Sa parole, cela devient un mur entre ces gens et Dieu et ainsi ils ne reçoivent pas la guérison. La raison pour laquelle Dieu travaille beaucoup parmi les incroyants pendant les Grandes Croisades Unifiées outremer est parce que ceux qui adorent les idoles entendent la nouvelle et assistent aux croisades et cela est considéré aux yeux de Dieu comme de la foi.

Sixièmement, si vous n'avez pas semé, vous devez vous repentir. Galates 6:7 nous dit, *«Car tout ce qu'un homme sème, il le moissonnera,»* pour expérimenter la puissance de Dieu, vous devez d'abord assister avec zèle aux cultes d'adoration. Souvenez-vous que lorsque vous semez avec votre corps, vous recevrez des bénédictions de santé et lorsque vous semez avec votre prospérité, vous recevrez des bénédictions de prospérité. Donc, si vous vouliez moissonner sans semer, vous devez vous en repentir.

1 Jean 1:7 dit, *«Mais si nous marchons dans la lumière, comme il est lui-même dans la lumière, nous sommes mutuellement en communion, et le sang de Jésus son Fils nous purifie de tout péché.»* En plus, vous accrochant aux promesses de Dieu dans 1 Jean 1:9, *«Si nous confessons nos péchés, il est fidèle et juste pour nous les pardonner, et pour nous purifier de toute iniquité,»* soyez certains de vous examiner, de vous repentir et de marcher dans la lumière.

Que vous puissiez recevoir la compassion de Dieu, recevoir tout ce que vous demandez, et par Sa puissance, recevoir non seulement des bénédictions de santé, mais aussi des bénédictions en toutes choses dans la vie, au nom du Seigneur Jésus-Christ, je prie!

La Providence Infaillible de Dieu

- L'amour de Dieu veut sauver toutes les âmes
- La puissance de Dieu est répandue à la fin des temps
- Les signes de la fin des temps relatés dans la Bible
- Prophétles sur la fin des temps et la providence de Dieu
      pour l'Eglise Centrale Manmin

Deutéronome 26:16-19

Aujourd'hui, l'Éternel, ton Dieu,
te commande de mettre en pratique ces lois
et ces ordonnances; tu les observeras
et tu les mettras en pratique de tout ton coeur
et de toute ton âme.
Aujourd'hui, tu as fait promettre à l'Éternel
qu'il sera ton Dieu,
afin que tu marches dans ses voies,
que tu observes ses lois, ses commandements
et ses ordonnances, et que tu obéisses à sa voix.
Et aujourd'hui, l'Éternel t'a fait promettre
que tu seras un peuple qui lui appartiendra,
comme il te l'a dit, et que tu observeras tous ses
commandements, afin qu'il te donne sur toutes les
nations
qu'il a créées la supériorité en gloire,
en renom et en magnificence,
et afin que tu sois un peuple saint pour l'Éternel, ton
Dieu,
comme il te l'a dit.

Si on leur demande de choisir la plus grande forme d'amour, la plupart des gens vont choisir l'amour des parents, surtout l'amour d'une mère pour son bébé. Nous trouvons cependant dans Esaïe 49:15, *«Une femme oublie-t-elle l'enfant qu'elle allaite? N'a-t-elle pas pitié du fruit de ses entrailles? Quand elle l'oublierait, Moi je ne t'oublierai point.»* L'abondant amour de Dieu est incomparable à l'amour d'une mère pour son bébé.

Le Dieu d'amour veut que tous les gens non seulement atteignent le salut, mais aussi jouissent de la vie éternelle, des bénédictions et du bonheur dans le merveilleux ciel. C'est pourquoi Il délivre Ses enfants de toutes épreuves et afflictions et veut leur donner tout ce qu'ils demandent. Dieu conduit aussi chacun d'entre nous à vivre une vie bénie non seulement sur la terre, mais aussi dans la vie éternelle à venir.

Maintenant, au travers de la puissance et des prophéties que Dieu nous a permises dans Son amour, nous examinerons la providence de Dieu pour l'Eglise Centrale Manmin.

L'amour de Dieu veut sauver toutes les âmes

Nous trouvons ce qui suit dans 2 Pierre 3:3-4:

Sachant avant tout que, dans les derniers jours, il viendra des moqueurs avec leurs railleries, marchant selon leurs propres convoitises, et disant: Où est la promesse de son avènement? Car, depuis que les pères sont morts, tout demeure comme dès le commencement de la création.

Il y a de nombreuses personnes qui ne nous croiraient pas quand nous leur parlons de la fin des temps. Comme le soleil s'est toujours levé et couché, et que les hommes sont toujours nés et meurent, et comme la civilisation a toujours progressé, de telles personnes assument naturellement que tout continuera ainsi.

Comme il y a un commencement et une fin à la vie d'un homme, s'il y a un début à l'histoire de l'humanité, il y a certainement une fin. Lorsque le temps fixé par Dieu arrive, tout dans l'univers fera face à une fin. Tous les gens qui ont vécu depuis Adam recevront un jugement. Selon la manière dont chacun a vécu sur la terre, il entrera soit dans le ciel soit dans l'enfer.

D'une part, les gens qui croient en Jésus-Christ et vivent selon la parole de Dieu entreront dans le ciel. D'autre part, ceux qui ne croient pas même après avoir été évangélisés, et les gens qui ne vivent pas selon la parole de Dieu mais qui au contraire vivent dans le péché et le mal, malgré qu'ils confessent leur foi dans le Seigneur, entreront en enfer. C'est pourquoi Dieu est pressé de répandre l'évangile partout dans le monde aussi rapidement que possible, de sorte que même une seule âme de plus puisse recevoir le salut.

La puissance de Dieu est répandue à la fin des temps

La raison pour laquelle Dieu a établi l'Eglise Centrale Manmin et a manifesté une puissance miraculeuse réside là. Au travers de la manifestation de Sa puissance, Dieu veut apporter les preuves de l'existence du vrai Dieu et éclairer les gens au sujet du ciel et de l'enfer. Comme Jésus nous l'a dit dans Jean 4:48, *«Si vous ne voyez des miracles et des prodiges, vous ne croyez point,»* surtout à une époque où le péché et le mal prévalent et la connaissance progresse, l'œuvre de puissance qui peut toucher les pensées de l'homme est d'autant plus nécessaire. C'est pourquoi, à la fin des temps, Dieu discipline l'Eglise Manmin et la bénit avec une puissance sans cesse croissante.

De plus, la culture de l'humanité que Dieu avait planifiée touche à sa fin. Jusqu'au jour fixé par Dieu, la puissance est une arme nécessaire qui peut sauver tous les gens qui ont une chance de recevoir le salut. Ce n'est qu'avec la puissance que plus de gens peuvent être conduits vers le salut à un rythme plus élevé.

À cause d'une persécution et d'une affliction permanentes, il est extrêmement difficile de répandre l'évangile dans certains pays autour du monde et il y a même plus de gens qui n'ont pas encore entendu l'évangile. De plus même parmi ceux qui confessent leur foi dans le Seigneur, le nombre de gens qui ont la vraie foi n'est pas aussi élevé que les gens pensent. Dans Luc 18:8, Jésus nous demande *«Mais lorsque le Fils de l'homme reviendra, trouvera-t-Il encore la foi sur la terre?»* De nombreuses gens viennent à l'église, mais sans beaucoup de différence avec les gens du monde, ils continuent à vivre dans le péché.

Cependant, même dans les pays du monde où il y a une sévère persécution de la chrétienté, une fois que les gens expérimentent les œuvres de la puissance de Dieu, la foi qui n'a pas peur de la mort fleurit et la propagation enflammée de l'évangile en découle. Les gens qui vivent dans le péché sans foi véritable sont maintenant équipés pour vivre selon la parole de Dieu lorsqu'ils expérimentent en direct l'œuvre de la puissance du Dieu vivant.

Lors de nombreux voyages missionnaires à l'étranger, je me suis rendu dans des pays qui interdisent légalement l'évangélisation et la prédication de l'évangile et persécutent l'église. J'ai expérimenté dans des pays comme le Pakistan et les Emirats Arabes Unis, dans lesquels l'islam règne et un pays à prédominance Hindoue, l'Inde, que lorsqu'on témoigne de Jésus-Christ et que les preuves par lesquelles les gens peuvent croire dans le Dieu vivant sont manifestées, d'innombrables âmes se convertissent et atteignent le salut. Même s'ils ont adoré des idoles, dès qu'ils ont expérimenté les œuvres de la puissance de Dieu, les gens finissent par accepter Jésus-Christ sans peur des poursuites légales. Cela témoigne de la magnitude de la puissance de Dieu.

Comme un fermier récolte ses fruits à la moisson, Dieu manifeste une si grande puissance de sorte qu'il puisse moissonner toutes les âmes qui doivent recevoir le salut à la fin des temps.

Les signes de la fin des temps relatés dans la Bible

Même au travers de la Parole de Dieu relatée dans la Bible, nous pouvons dire que le temps dans lequel nous vivons est proche de la fin des temps. Malgré que Dieu ne nous ait pas donné la date ni l'heure exacte de la fin des temps, il nous a donné des signes par lesquels nous pouvons parler de la fin des temps. Comme nous pouvons prévoir que la pluie est proche quand les nuages se rassemblent, de la manière dont l'histoire continue à se dérouler, les signes dans la Bible nous permettent de prévoir les derniers jours.

Par exemple, dans Luc 21, nous trouvons, *«Quand vous entendrez parler de guerres et de soulèvements, ne soyez pas effrayés, car il faut que ces choses arrivent premièrement. Mais ce ne sera pas encore la fin»* (v. 9), et *«il y aura de grands tremblements de terre, et, en divers lieux, des pestes et des famines; il y aura des phénomènes terribles, et de grands signes dans le ciel»* (v. 11).

Dans 2 Timothée 3:1-5, nous lisons ce qui suit:

Sache que, dans les derniers jours, il y aura des temps difficiles. Car les hommes seront égoïstes, amis de l'argent, fanfarons, hautains, blasphémateurs, rebelles à leurs parents, ingrats, irréligieux, insensibles, déloyaux, calomniateurs, intempérants, cruels, ennemis des gens de bien, traîtres, emportés, enflés d'orgueil, aimant le plaisir plus que Dieu ayant l'apparence de la piété, mais reniant ce qui en fait la force. Éloigne-toi de ces hommes-là.

Il y a de nombreux désastres et signes partout dans le monde, et le cœur et la pensée des gens deviennent de plus en plus mauvais. Chaque semaine, je reçois des extraits de nouvelles sur des événements et accidents, et le volume de chaque extrait ne fait qu'augmenter. Cela signifie qu'il y a tellement de désastres, de calamités et de méchancetés qui se produisent dans le monde.

Cependant, les gens ne sont pas sensibles à ces événements et accidents comme ils l'étaient auparavant. Étant donné qu'ils reçoivent tellement d'histoires de tels événements et accidents de manière régulière ils sont devenus immunisés. La plupart d'entre eux ne prennent plus au sérieux les crimes brutaux, les grandes guerres, les catastrophes naturelles et les pertes humaines de telles atrocités et calamités. Ces événements remplissaient la une des médias de masse. Cependant, à moins que cela n'arrive à d'autres personnes qu'ils connaissent, pour la plupart des gens, de tels événements ne sont pas significatifs et s'oublient rapidement.

Selon la manière où s'écoule l'histoire, les gens qui sont éveillés et ont une claire communication avec Dieu, témoignent d'une même voix que l'avènement du Seigneur est proche.

Prophéties sur la fin des temps et la providence de Dieu pour l'Eglise Centrale Manmin

Par les prophéties de Dieu révélées à Manmin, nous pouvons dire que c'est vraiment la fin des temps. Depuis la fondation de Manmin jusqu'à ce jour, Dieu a donné à l'avance les résultats des élections présidentielles ou parlementaires, de la mort de personnages importants et célèbres en Corée et à l'étranger, et de nombreux autres événements qui ont influencé l'histoire du monde.

À de nombreuses occasions, j'ai donné de telles informations en acronymes ou dans les bulletins hebdomadaires de l'église. Si le contenu était trop sensible, je ne le révélais qu'à quelques personnes. Dans les dernières années, j'ai proclamé de temps à autre de la chaire des révélations concernant la Corée du Nord, les Etats-Unis et des événements qui se produisaient dans le monde.

La plupart des prophéties ont été accomplies telles qu'annoncées et des prophéties qui doivent encore s'accomplir concernent des événements qui sont en cours ou qui doivent encore se produire. Un fait notoire est que la plupart des prophéties concernant des événements qui doivent encore se produire se réfèrent aux derniers jours. Parmi elles, il y a la providence de Dieu pour l'Eglise Centrale Manmin, et nous allons examiner quelques unes de ces prophéties.

La première prophétie concerne les relations entre la Corée du Nord et la Corée du Sud

Depuis sa fondation, Dieu a révélé beaucoup sur la Corée du Nord à Manmin. C'est parce que nous avons un appel pour l'évangélisation de la Corée du Nord dans les derniers jours. En 1983, Dieu nous a prédit au sujet d'un sommet entre les dirigeants coréens du Nord et du Sud et de son suivi. Rapidement après le sommet, la Corée du Nord devait ouvrir ses portes temporairement au monde, mais les fermerait à nouveau très rapidement. Dieu nous a dit que lorsque la Corée du Nord s'ouvrirait, l'évangile de sanctification et la puissance de Dieu entreraient dans le pays et l'évangélisation suivrait. Dieu nous a demandé de nous souvenir que l'avènement du Seigneur serait imminent lorsque la Corée du Nord et celle du Sud s'expriment d'une certaine manière. Car Dieu m'a dit de garder secret la manière dont les deux Corées «s'exprimeraient d'une certaine manière», Je ne peux pas encore divulguer cette information.

Comme la plupart d'entre vous sont conscients, un sommet entre les dirigeants des deux Corées a eu lieu en 2000. Vous pouvez probablement ressentir que la Corée du Nord, succombant à la pression internationale ouvrira ses portes avant longtemps.

La seconde prophétie concerne l'appel pour la mission mondiale.

Dieu a préparé pour Manmin un nombre de croisades outremer auxquelles des milliers, des centaines de milliers et des millions de gens se rassembleraient, et Il nous a bénis à rapidement évangéliser le monde par sa puissance miraculeuse. Cela comprend, la Croisade du Saint Evangile en Ouganda, dont les nouvelles ont été diffusées internationalement sur Cable News Network (CNN); la Croisade de Guérisons au Pakistan qui a choqué le monde islamique et a ouvert la porte à l'oeuvre missionnaire au Moyen-orient; la Croisade du Saint Evangile au Kenya au cours de laquelle de nombreuses maladies y compris le

Sida ont été guéries; la Croisade Unifiée de Guérisons aux Philippines au cours de laquelle la puissance de Dieu a été manifestée de manière explosive; la Croisade de Guérisons Miraculeuses au Honduras, qui a apporté l'ouragan du Saint-Esprit; et le Festival de Prières et de Guérisons Miraculeuses d'Inde, le plus grand pays hindou au monde, auquel plus de trois millions de personnes ont participé pendant la croisade de quatre jours. Toutes ces croisades ont servi de tremplin à partir de laquelle Manmin a pu entrer en Israël, sa destination finale.

Sous son grand plan pour la culture de l'humanité, Dieu a créé Adam et Eve et après que la vie ait commencé sur la terre, l'humanité s'est multipliée. Parmi de nombreux peuples, Dieu a choisi une nation, Israël, descendants de Jacob. Au travers de l'histoire des Israélites, Dieu voulait révéler Sa gloire et Sa providence pour la culture de l'humanité non seulement à Israël mais aussi à tous les peuples de la terre. Le peuple d'Israël sert donc de modèle pour la culture de l'humanité et l'histoire d'Israël que Dieu Lui-même gouverne, n'est pas uniquement l'histoire d'une nation mais Son message pour tous les hommes. De plus, avant de terminer la culture de l'humanité, qui a commencé avec Adam, Dieu a voulu que l'évangile retourne en Israël, d'où il est venu. Il est cependant très difficile de conduire une réunion chrétienne et de répandre l'évangile en Israël. La manifestation de la puissance de Dieu qui peut remuer les cieux et la terre était nécessaire en Israël, et accomplir cette portion de la providence de Dieu est l'appel donné à Manmin pour ces derniers jours.

Au travers de Jésus-Christ, Dieu a accompli la providence du salut pour l'humanité et a permis à quiconque accepte Jésus comme son Sauveur de recevoir la vie éternelle. Cependant le peuple choisi par Dieu, Israël n'a pas reconnu Jésus comme le Messie. De plus, même jusqu'au moment où ses enfants seront enlevés dans les airs, le peuple d'Israël n'aura pas compris la providence du salut au travers de Jésus-Christ.

Dans les derniers jours, Dieu veut que le peuple d'Israël se repente et accepte Jésus comme leur Sauveur de sorte qu'ils puissent atteindre le salut. C'est pourquoi Dieu a permis que l'évangile de sanctification entre et soit prêché en Israël au travers du noble appel qu'Il avait donné à Manmin. Maintenant qu'un tremplin important pour l'œuvre missionnaire au Moyen-Orient avait été établi en Avril 2003, en accord avec la volonté de Dieu, Manmin va faire des préparatifs spécifiques pour Israël et accomplir la providence de Dieu.

La troisième prophétie concerne la construction du Grand Sanctuaire.

Peu après la fondation de Manmin, alors qu'il révélait Sa providence pour les derniers jours, Dieu nous a fait un appel pour la construction du Grand Sanctuaire qui révélera la gloire de Dieu à tous les gens du monde.

Au temps de l'Ancien Testament, il était possible de recevoir le salut par les œuvres. Même si le péché de quelqu'un n'était pas chassé dans son cœur, tant que le péché n'était pas commis extérieurement, il pouvait être sauvé. Le Temple de l'Ancien Testament était un temple dans lequel les gens adoraient Dieu rien qu'en actes, comme la loi le prescrivait.

Au temps du Nouveau Testament, cependant , Jésus est venu et a accompli la loi dans l'amour, et par notre foi en Jésus-Christ, nous avons reçu le salut. Le temple que Dieu désire dans le Nouveau Testament ne sera pas seulement construit dans les actes, mais aussi dans le cœur. Ce temple doit être construit par les vrais enfants de Dieu qui ont chassé les péchés, dans un cœur sanctifié et qui l'aiment. C'est pourquoi Dieu a permis que le temple de l'Ancien Testament soit détruit et veut qu'un nouveau temple d'une vraie valeur spirituelle soit construit.

C'est pourquoi, ceux qui doivent construire le Grand Sanctuaire doivent être reconnus comme propres aux yeux de Dieu. Ils doivent être des enfants de Dieu qui ont circoncis leurs cœurs, avec un cœur saint et propre, et remplis de foi, d'espérance et d'amour. Lorsque Dieu voit le Grand Sanctuaire bâti par Ses enfants sanctifiés, il sera réconforté non seulement par l'apparence du bâtiment. Au contraire, au travers du Grand Sanctuaire, il va recommencer le processus au travers duquel le

Sanctuaire aura été construit, et il se souviendra de chacun de Ses vrais enfants qui sont le fruit de Ses larmes, Son sacrifice et Sa patience.

Le Grand Sanctuaire porte une signification profonde. Il servira comme un monument de la culture humaine aussi bien qu'un symbole du réconfort de Dieu après avoir moissonné du bon grain. Il est construit dans les jours de la fin parce que c'est un monumental projet de construction qui révélera la gloire de Dieu à tous les peuples de la terre. Avec 600 mètres (environ 1970 pieds) de diamètre et soixante-dix mètres (230 pieds) de hauteur, le Grand Sanctuaire est un bâtiment massif qui sera fait de toutes espèces de matériaux beaux, rares et précieux et dans chaque élément de structure et de décoration, la gloire de la Nouvelle Jérusalem, les six jours de la création et la puissance de Dieu seront incorporés. Simplement regarder le Grand Sanctuaire suffira pour ressentir la majesté et la gloire de Dieu. Même les incroyants seront étonnés à sa vue et reconnaîtront Sa gloire.

Finalement, la construction du Grand Sanctuaire est la préparation de l'arche dans laquelle d'innombrables âmes doivent recevoir leur salut. Dans les derniers jours, lorsque le péché et le mal augmentent comme c'était le cas du temps de Noé, lorsque les gens qui ont été conduits par les enfants de Dieu, qu'Il considère propres pour venir au Grand Sanctuaire et qui viennent pour croire en Lui, ils peuvent recevoir le salut. D'autant plus de gens vont entendre la nouvelle de la gloire et de la puissance de Dieu, ils viendront voir par eux-mêmes. Lorsqu'ils viennent, d'innombrables preuves de Dieu seront présentées. On leur dira aussi les secrets du monde spirituel et ils seront éclairés sur la volonté de Dieu qui cherche à moissonner de vrais enfants qui ressemblent à Sa propre image.

Le Grand Sanctuaire servira en tant que noyau de la phase finale de la propagation de l'évangile dans le monde entier avant l'Avènement du Seigneur. De plus, Dieu a dit à Manmin que lorsque le temps sera venu pour le début de la construction du Grand Sanctuaire, il conduira les rois et les gens de prospérité et d'autorité pour aider à la construction.

Depuis sa fondation, Dieu a révélé des prophéties sur les derniers jours et Sa providence pour l'Eglise Centrale Manmin. Même aujourd'hui, il a continué à manifester Sa puissance sans cesse croissante et l'accomplissement de Sa parole. Au travers de l'histoire de l'église, Dieu a Lui-même conduit Manmin de manière à accomplir Sa providence.De plus jusqu'au moment où le Seigneur revient, Il nous conduira pour accomplir toutes les tâches qu'il nous a assignées et révélera la gloire du Seigneur partout dans le monde.

Dans Jean 14:11, Jésus nous dit, *«Croyez-moi, je suis dans le Père, et le Père est en moi; croyez du moins à cause de ces œuvres.»* Dans Deutéronome 18:22, nous trouvons, *«Quand ce*

Accomplir le Grand Sanctuaire...

que dira le prophète n'aura pas lieu et n'arrivera pas, ce sera
une parole que l'Éternel n'aura point dite. C'est par audace
que le prophète l'aura dite: n'aie pas peur de lui.» J'espère que
vous allez comprendre la providence de Dieu au travers de la
puissance et des prophéties manifestées et révélées à l'Eglise
Centrale Manmin.

En accomplissant Sa providence au travers de l'Eglise
Centrale Manmin dans les derniers jours, Dieu n'a pas donné ce
réveil de l'église ni cette puissance en un seul jour. Il nous a
entraînés pendant plus de vingt ans. Comme escaladant une
montagne élevée et escarpée et naviguant au milieu des hautes
vagues dans une mer déchaînée, Il nous a régulièrement conduits
au travers d'épreuves et au travers des gens qui ont traversé ces
épreuves avec une foi ferme, il a préparé un vase qui accomplirait
la mission mondiale.

Cela s'applique aussi à chacun d'entre vous. La foi avec
laquelle on peut entrer dans la Nouvelle Jérusalem ne se
développe pas et ne grandit pas en un jour; vous devez toujours
demeurer éveillés et vous préparer pour le jour où le Seigneur
reviendra. Avant tout, détruire tous les murs de péché et, avec
une foi inchangée et ardente, courir vers le ciel. Lorsque vous
allez de l'avant avec ce type de résolution inchangée, Dieu sans
aucun doute bénira votre âme pour qu'elle prospère et Il
répondra aux désirs de votre cœur. De plus, Dieu vous donnera

une capacité et une autorité spirituelles au moyen desquelles vous pourrez être utilisés comme Son vase précieux pour Sa providence dans les jours de la fin.

Que chacun de vous s'attache fermement à sa foi ardente jusqu'au retour du Seigneur et que nous nous rencontrerons à nouveau dans le ciel éternel et dans la ville de la Nouvelle Jérusalem, dans le nom du Seigneur, je prie!

L'auteur:
Le Dr. Jaerock Lee

Le Dr. Jaerock Lee est né à Muan, dans la Province de Jeonam, en République de Corée en 1943. Dans sa vingtaine, le Dr. Lee a souffert d'une variété de maladies incurables pendant sept ans et il a attendu la mort avec aucun espoir de récupérer. Un jour du printemps 1974 il a été conduit dans une église par sa soeur et lorsqu'il s'est agenouillé pour prier, le Dieu vivant l'a immédiatement guéri de toutes ses maladies.

Dès que le Dr. Lee a rencontré le Dieu vivant au travers de cette merveilleuse expérience, il a aimé Dieu de tout son cœur et sincérité, et en 1978, il a été appelé à devenir un serviteur de Dieu. Il a prié avec ferveur de manière à clairement connaître la volonté de Dieu, l'a complètement accomplie et a obéi à toute la parole de Dieu. En 1982, il a fondé l'Eglise Centrale Manmin à Séoul en Corée et d'innombrables œuvres de Dieu, incluant des guérisons miraculeuses et des prodiges ont eu lieu dans son église.

En 1986, le Dr. Lee a été ordonné en tant que pasteur lors de l'Assemblée annuelle de l'Eglise Sungkyul Jésus de Corée, et quatre an plus tard, en 1990, ses sermons ont commencé à être retransmis en Australie, en Russie, aux Philippines et dans beaucoup d'autres nations au travers de la Société de Retransmission d'Asie, la Station asiatique de retransmission et le Système Chrétien Radio de Washington.

Trois ans plus tard, en 1993, l'Eglise Centrale Manmin a été sélectionnée comme l'une des «50 Plus grandes églises du monde» par le magazine 'Monde Chrétien' (Etats-Unis) et il a reçu un doctorat honoraire en Divinité du Collège de Foi Chrétien, en Floride, aux Etats-Unis. Et en 1996, un Ph.D. du ministère du Séminaire Théologique Kingsway, à Iowa, aux Etats-Unis.

Depuis 1993, le Dr Lee a pris la direction de la mission mondiale au travers de nombreuses croisades outremer, aux Etats-Unis, en Tanzanie, en Argentine, en Ouganda, au Japon, au Pakistan, aux Philippines, au Honduras, au Kenya, en Inde, en Russie, en Allemagne et au Pérou. En 2002, il fut appelé «Pasteur Mondial» par les principaux journaux chrétiens en Corée pour son travail dans les diverses Grandes Croisades Unifiées outremer.

Depuis Juillet 2013, l'Eglise Centrale Manmin possède une congrégation de plus de 120.000 membres. Il y a 10.000 églises branches au pays et dans le monde, et à ce jour, plus de 129 missionnaires ont été commissionnés vers 23 pays, y compris les Etats-Unis, la Russie, l'Allemagne, le Canada, le Japon, la Chine, la France, l'Inde et de nombreux autres.

Jusqu'au jour de cette publication, le Dr Lee a écrit 87 livres y compris les bestsellers, *Goûter à la vie Eternelle avant la Mort, Ma Vie, Ma Foi, I et II, Le Message de la Croix, La Mesure de Foi, Le Ciel I et II, Enfer* et *La Puissance de Dieu.* Ses œuvres ont été traduites dans plus de 76 langues.

Ses chroniques chrétiennes paraissent dans *Le Hankook Ilbo, Le JoongAng Daily, Le Chosun Ilbo, Le Dong-A Ilbo, Le Munhwa Ilbo, Le Seoul Shinmun, Le Kyunghyang Shinmun, Le Korea Economic Daily, Le Korea Herald, Le Shisa News,* et *Le Chistian Press.*

Le Dr. Lee est présentement dirigeant de nombreuses organisations missionnaires et associations, y compris Président de l'Eglise Unifiée de Sanctification de Jésus-Christ; Président, Mission Mondiale Manmin; Fondateur et Président du Conseil du Réseau Mondial Chrétien (GCN); fondateur et président du conseil du Réseau Mondial de Médecins Chrétiens (WCDN) et fondateur et président du conseil du Séminaire International Manmin (MIS).

Le Ciel I et II

Une esquisse détaillée de l'environnement de vie merveilleux dont jouiront les citoyens célestes au milieu de la gloire de Dieu.

Le Message de la Croix

Un puissant message de réveil pour tous les peuples qui sont spirituellement endormis. Dans ce livre, vous trouverez le véritable amour de Dieu et pourquoi Jésus est notre seul Sauveur.

Enfer

Un message sérieux de Dieu à toute l'humanité, qui souhaite que même pas une seule âme ne tombe dans les profondeurs de l'enfer! Vous découvrirez le compte rendu jamais révélé auparavant de la cruelle réalité de l'Hadès et de l'Enfer.

Goûter à la Vie Eternelle avant la Mort

Les mémoires témoignage du Révérend Dr. Jaerock Lee qui est né de nouveau et sauvé de la vallée de la mort et a vécu une vie chrétienne exemplaire.

La Mesure de Foi

Quel type de lieu de séjour céleste et quelles espèces de couronnes sont préparés dans le ciel ? Ce livre donne sagesse et direction pour mesurer votre foi et cultiver la foi la plus parfaite et mature.